催收達人の私房書 II

資產管理公司之設立與運作

本書收錄實際的管理辦法、催收函及書狀範例，完整說明資產管理公司運作方式，實為從事催收工作者的必備參考書。

呂元璋◎著

謹將此書獻給臺大男四舍112寢室、
橄欖球隊的學長、故林明洲法官，
一位亦兄亦友和永遠的大哥。

序 言

　　去年有機會在臺中參與了不良授信資產（NPL）中的信用卡債權催收的實務行列，首先要感謝林錦柱董事長的信任與支持，讓我們在「摸著石頭過河」的過程中，累積了許多寶貴的經驗，而我也在三個月的客座期間，迎接了第二個兒子──晟凱的誕生。

　　量大、金額低的信用卡債權催收有許多不確定的變數，讓我們在初期吃盡了苦頭：一、超過 95%以上的信用卡債權都僅經過電話催收程序，而尚未開始進行法律催收程序；二、小額訴訟法通過後，以往信用卡債權的約定管轄部分，一律要改適用「以原就被」原則，導致出庭訴訟的人事成本大增；三、如債務人死亡，必須在交割完成日的六個月內查明有無拋棄或限定繼承情事，才能將該債權賣還銀行，因此，必須在短時間內將一萬多名債務人的戶籍資料全部申請抄錄一遍，搞得人仰馬翻；四、臺中當時並未有買斷債權自行處理的公司，因此，我們在申請抄錄戶籍謄本時，在與戶政機關的協調上花了相當多的時間。

　　本書能夠順利完成，要感謝吳憲明律師（學長）；挺鈞公司同仁：陳祐榕、楊金梅、黃儀采、廖偉進；何前消保官瑞富、金管會林志吉學長、羅唯禎學妹；寶華銀行陳保琳處長、葉光武；歐力士資產管理公司李國權總經理、陳培嘉處長提供寶貴意見；另外，要特別感謝蕭育娟學姐對前書的肯定，讓我備感溫暖。

感謝好友周崇文陪我度過在臺中的漫漫長夜（若不是他和文心南七，這本書早就出版了）。

最後要感謝吳永發律師及黃廷維律師兩位學長所帶領的永發聯合律師事務所全體同仁，在百忙中撥冗幫忙校對稿件，謹致謝忱。

讀者如認為本書中的案例足供參考，或有心得想與筆者分享，筆者的電子信箱是：alouamc@yahoo.com.tw，歡迎不吝賜教。

目次

contents

序 言...5

一、作業規則篇

1. 外訪管理程序及辦法.................................13

2. 申訴案件處理流程 15

3. 作業稽核程序 17

4. 催收人員任用標準及教育訓練辦法.................23

5. 催收人員作業規範暨懲罰標準 25

6. 催收作業流程暨辦法.................................27

7. 資料管理暨列印辦法.................................28

8. 錄音機管理程序.................................31

9. AMC 致聯徵函.................................33

10. 還款證明書 35

二、人事制度篇

1. 到職文件 39

2. 負責人聲明書 41

3. 新進人員訓練講義 42

4. 警察紀錄證明申請書 46

5. 聯徵申請書 47

三、債權買賣篇

1. 保密承諾書 51

2. 不良債權讓售契約書 53

3. 訪查視找委任契約書 55

4. 律師函 58

5. 債權讓與聲明書 59

四、制式催收函

1. 制式催收函 1 63

2. 制式催收函 2 65

3. 制式催收函 3 67

4. 制式催收函 4 69

5. 制式催收函 5 71

6. 制式催收函 6 72

7. 制式催收函 7 74

8. 制式催收函 8 76

9. 制式催收函 9 78

10. 制式催收函 10 80

五、法律訴追篇

（一）書狀例稿 85

1. 聲請更名狀 85

2. 陳報更名狀 87

3. 強執聲請狀 89

4. 刑事告訴狀 91

5. 聲請假扣押裁定狀 93

6. 小額或簡易訴訟狀 96

7. 強執查薪狀 99

（二）第三人扣薪 102

1. 收據 1 102

2. 收據 2 103

3. 重發移轉命令狀 104

4. 通知扣薪函 1 106

5. 通知扣薪函 2 107

6. 聲請發移轉命令狀 108

7. 違反查封存函 110

（三）追索繼承人 111

1. 查拋棄函 111

2. 查拋聲請狀 112

3. 繼承人存函 114

4. 起訴繼承人狀 115

 六、*附錄*

1. AMC 簡介 121

2. 委外處理要點 124

3. 委外最低標準化範例 130

4. 處理不良授信資產例舉 157

5. 申請戶籍謄本規定事項簡明表 162

一、作業規則篇

1. 外訪管理程序及辦法

○○公司外訪管理程序及辦法

一、為提昇專業分工，○○公司應成立外訪組。

二、針對新進人員施予基礎教育培訓，及每週會報期間進行在
職訓練，以提升外訪人員專業素養，降低申訴案件發生率。

三、作業內容：

　1. 外訪在符合下列各項所定情事之一時，始得進行：

　　A.銀行所提供之資料均無法與債務人取得聯繫時。

　　B.經多次聯繫債務人均遲不繳款或未依約繳款時。

　　C.有瞭解債務人財力、資產狀況之需時。

　　D.確認債務人行蹤時。

　　E.取得債務人新地址時。

　　F. 其他經評估確有外訪之需而經主管同意者。

　2. 外訪作業規範：

　　A.外訪人員需以二人一組方式進行。

　　B.外訪人員需配戴員工識別證及攜帶有關債務資料供債務
　　　人查閱。

　　C.外訪催收過程需全程錄音記錄，以避免不當行為。

　　D.未經債務人同意，不可擅自以任行形式進入屋內。

E. 嚴禁肢體碰觸或拿取客戶或相關人所有之任何物品。

F. 外訪人員不得收受款項，請債務人直接匯入○○公司帳戶。

G. 外訪時如遇緊急事件需以確保人身安全為要，必要時應立即通報公司主管或警察單位處理。

3. 外訪流程說明

　　A. 每日根據報表安排外訪人員，並依路線安排行程向主管報備。

　　B. 外訪現場

　　　(1) 現場按鈴等候應門。

　　　(2) 視需要出示員工識別證。

　　　(3) 明白告知應門者來意。

　　　(4) 針對現場不同情況提出報告。

　　C. 報告製作與錄音製作

　　　(1) 拜訪結果簡分為五類勾選：遇到本人／未遇本人（遇到親友）／無人應門／無此人／無此地址。

　　　(2) 外訪人員依個人判斷及真實情況做出完整外訪報告。

　　　(3) 完成外訪報告後交由業務助理建檔，報告及錄音檔均保存六個月。

　　D. 外訪單位作業稽核

　　　(1) 陪同外訪，單位主管不定期陪同外訪並隨時給予指導。

　　　(2) 不定期間聽外訪錄音檔，隨時對外訪人員提出建議。

　　　(3) 每月抽查每月外訪員三件案件，查核外訪紀錄及錄音檔，查核完畢後需簽名。

　　　(4) 發現有不合作業流程之外訪員，列管改善下次優先稽核。

2. 申訴案件處理流程

○○公司申訴案件處理流程

一、目的：為確保服務品質，對其所提之抱怨均能有效且迅速
　　的獲得解決，並採取適當的對策避免問題重複發生。

二、範圍：由銀行窗口反應之客訴案件或客戶自行投訴。

三、權責：

　　　　○○公司應設置申訴案件專責處理單位及專線電話，
　　並指定專人負責處理客戶申訴案件。

四、作業內容：

　1. 防範客訴處理流程：

　　　　催收人員在講話較大聲時，或催收人員無法和客戶有
　　良好溝通時，主管即應前往關切瞭解狀況，並要求催收人
　　員將電話由主管直接接聽處理，以避免客訴之產生。

　2. 發生客訴之處理流程：

　　　　接到銀行窗口之反應客訴或債務人直接來電客訴，立
　　即由組長瞭解狀況後，於第一時間回電給債務人，並填寫
　　【客訴案件處理單】，視銀行要求再將處理結果回復銀行，
　　或調錄音檔以配合調查及瞭解正確事實，當案件處理完
　　後，將【客訴案件處理單】交由客戶服務單位歸檔。

3. ○○公司對申訴案件應盡速處理。處理完畢後,應將處理結果結果告知客戶,並以書面副知金融機構。

4. 處理申訴案件時間以不超過三個營業日為原則。

5. 不良債權讓售金融機構因處理客戶申訴案件,要求提供催收記錄錄音檔案等相關資料時,○○公司應盡速提供。

6. 客訴案件處理原則:

　　任何經銀行窗口通知的客訴案件或由主管認定之客訴案件發生,公司將即刻進行調查。調查期間公司有權要求該人員暫停催收工作;若經查造成客訴之行為屬實且違反工作規定,將依情節輕重決定予以警告或停職處分。

3. 作業稽核程序

○○公司作業稽核程序

一、目的：為提昇案件催收效率，精進辦案品質。

二、範圍：所有催收案件之作業流程，以及資料安全控管流程。

三、權責：稽核單位。

四、定義：稽核各單位作業流程是否符合規定。

五、作業：稽核內容包括：1.檔案調閱作業管理；2.調閱戶謄作業管理；3.檔案管理；4.電催作業管理-電話監聽；5.外訪作業管理；6.客訴案件作業管理；7.資訊安全教育訓練；8.門禁安全作業管理；9.錄音監控作業管理；10.電腦資料——資料備份；11.電催作業管理。

　五之一、檔案調閱作業管理：

　　1. 預期目標：確認所有檔案調閱均經主管核准，並確實記錄調閱及歸還日期，以確保資料安全。

　　2. 具體作法：依據營運作業管理部門作業程序書稽核辦法，確認該單位有按時抽查作業內容並提出服務報告，並針對為合格事項提出原因分析及改善對策。經查核後，由稽核人員填寫【稽核小組記錄表】。

　　3. 稽核週期：每月一次。

4. 稽核數量：營運作業管理部門繳交之服務稽核報告總量。

5. 合格標準：100%。

6. 異常處理：若有不合格情況，需由部門主管作原因分析與改善對策，由稽核人員做效果確認。

五之二、調閱戶謄作業管理：

1. 預期目標：確認調閱戶謄案件往返作業皆符合流程。

2. 具體作法：依據營運作業管理部門作業程序書稽核辦法，確認該單位有案時抽查作業內容並提出服務報告，並針對未合格事項提出原因分析及改善對策。經查核後，由稽核人員填寫【稽核小組記錄表】。

3. 稽核週期：每月一次。

4. 稽核數量：營運作業管理部門繳交之服務稽核報告總量。

5. 合格標準：100%。

6. 異常處理：若有不合格情況，需由部門主管作原因分析與改善對策，由稽核人員做效果確認。

五之三、檔案管理：

1. 目標：查核銀行交付實體文件是否確實排序歸檔於檔案室內。

2. 具體作法：依據營運作業管理部門作業程序書稽核辦法，確認該單位有案時抽查作業內容並提出服務報告，並針對未合格事項提出原因分析及改善對策。經查核後，由稽核人員填寫【稽核小組記錄表】。

3. 稽核週期：每月一次。

4. 稽核數量：營運作業管理部門繳交之服務報告總量100%。

5. 合格標準：100%。

6. 異常處理：若有不合格情況，需由部門主管作原因分析與改善對策，由稽核人員做效果確認。

五之四、電催作業管理：電話監聽

1. 預期目標：查核案件跟催作業是否符合流程，以確保跟催案件品質。

2. 具體作法：依據帳務管理部門作業程序書稽核辦法，確認該單位有按時抽查作業內容並提出服務報告，並針對未合格事項提出原因分析及改善對策。經查核後，由稽核人員填寫【稽核小組記錄表】。

3. 稽核週期：每月一次。

4. 稽核數量：帳務管理部門繳交之稽核報告總量。

5. 合格標準：100%。

6. 異常處理：若有不合格情況，需由部門主管作原因分析與改善對策，由稽核人員做效果確認。

五之五、外訪作業管理：

1. 預期目標：確認外訪案件作業流程符合規定。

2. 具體作法：依據外訪部門作業程序書稽核辦法，確認該單位有按時抽查作業內容並提出服務報告，並針對未合格事項提出原因分析及改善對策。經查核後，由稽核人員填寫【稽核小組記錄表】。

3. 稽核週期：每月一次。

4. 稽核數量：帳務管理部門繳交之稽核報告總量。

5. 合格標準：100%。

　　6. 異常處理：若有不合格情況，需由部門主管作原因分析與改善對策，由稽核人員做效果確認。

五之六、客訴案件作業管理：

　　1. 預期目標：為確保服務品質能符合客戶要求，對其所提之抱怨均能有效且迅速的獲得解決，並採取適當的對策避免問題重複發生。

　　2. 具體作法：依據帳務管理部門作業程序書稽核辦法，確認帳務管理部門每件客訴案件均填寫【客訴案件處理單】，並於規定時間內回覆客戶完成結案。並提出服務報告。經查核後，由稽核人員填寫【稽核小組記錄表】。

　　3. 稽核週期：每月一次。

　　4. 稽核數量：所有客訴案件。

　　5. 合格標準：100%。

　　6. 異常處理：若有不合格情況，需由部門主管作原因分析與改善對策，由稽核人員做效果確認

五之七、資訊安全教育訓練：

　　1. 預期目標：確認每位新進員工瞭解資料保密重要性。

　　2. 具體作法：依據知識管理部門作業程序書稽核辦法，確認該單位已針對每位新進員工施行測試結果，並提出服務報告。經查核後，由稽核人員填寫【稽核小組記錄表】。

　　3. 稽核週期：每月一次。

　　4. 稽核數量：每月參加測試員工總量。

　　5. 合格標準：100%。

　　6. 異常處理：若有不合格情況，需由部門主管作原因分
　　　析與改善對策，由稽核人員做效果確認

五之八、門禁安全作業管理：

　　1. 預期目標：確認機房與檔案室門禁控管，及權限內人
　　　員進出記錄。

　　2. 具體作法：依據人力資源部門作業程序書稽核辦法，
　　　確認該單位有按時抽查作業內容並提出服務報告，並
　　　針對未合格事項提出原因分析及改善對策。經查核
　　　後，由稽核人員填寫【稽核小組記錄表】。

　　3. 稽核週期：每月一次。

　　4. 稽核數量：30 天。

　　5. 合格標準：100%。

　　6. 異常處理：若有不合格情況，需由部門主管作原因分
　　　析與改善對策，由稽核人員做效果確認

五之九、錄音監控作業管理：

　　1. 預期目標：錄音備份確實保存半年。

　　2. 具體作法：依據資訊管理部門作業程序書稽核辦法，
　　　確認該單位有按時抽查作業內容並提出服務報告，並
　　　針對未合格事項提出原因分析及改善對策。經查核
　　　後，由稽核人員填寫【稽核小組記錄表】。

　　3. 稽核週期：每月一次。

　　4. 稽核數量：資訊管理部門繳交之服務稽核報告之總量。

　　5. 合格標準：100%。

　　6. 異常處理：若有不合格情況，需由部門主管作原因分
　　　析與改善對策，由稽核人員做效果確認。

五之十、電腦資料──資料備份：

1. 預期目標：確認資料庫備份記錄及各表單填寫是否確實。
2. 具體作法：依據資訊管理部門作業程序書稽核辦法，確認該單位有按時抽查作業內容並提出服務報告，並針對未合格事項提出原因分析及改善對策。經查核後，由稽核人員填寫【稽核小組記錄表】。
3. 稽核週期：每月一次。
4. 稽核數量：資訊管理部門繳交之服務稽核報告之總量。
5. 合格標準：100%。
6. 異常處理：若有不合格情況，需由部門主管作原因分析與改善對策，由稽核人員做效果確認。

五之十一、電催作業管理：結清案件

1. 預期目標：查核案件跟催作業是否符合流程，以確保跟催案件品質。
2. 具體作法：依據帳務管理部門作業程序書稽核辦法，確認該單位有按時抽查作業內容並提出服務報告，並針對未合格事項提出原因分析及改善對策。經查核後，由稽核人員填寫【稽核小組記錄表】。
3. 稽核週期：每月一次。
4. 稽核數量：帳務管理部門繳交之稽核報告總量。
5. 合格標準：100%。
6. 異常處理：若有不合格情況，需由部門主管作原因分析與改善對策，由稽核人員做效果確認。

五之十二、每月由稽核人員彙總【稽核小組紀錄表】製作稽核報告，進行檢討改善。

4. 催收人員任用標準及教育訓練辦法

○○公司催收人員任用標準及教育訓練辦法

一、催收人員任用標準

催收人員應完成中華民國銀行商業同業公會全國聯合會或其認可之機構舉辦有關催收專業訓練課程或測驗並領有合格證書者，且無下列情事之一人員：

（一）曾犯刑法、組織犯罪防治條例、檢肅流氓條例、槍砲彈藥管制條例等所定相關暴力犯罪，經判刑確定或通緝有案尚未結案者。

（二）受破產之宣告尚未復權者。

（三）使用票據經拒絕往來尚未恢復往來或有其他債信不良紀錄尚未了結者。

（四）無行為能力或限制行為能力者。

（五）違反本辦法而離職，並經金融機構報送聯合徵信中心登錄者。

催收人員未完成中華民國銀行商業同業公會全國聯合會或其認可之機構舉辦有關催收專業訓練課程或測驗並領有合格證書者，應於任職後兩個月內補正。

二、催收人員教育訓練辦法

　　　　新進催收人員施予基礎教育培訓，及在職員工進行專
業教育訓練，以提升催收人員專業素養，降低申訴案件發
生率。

　　　　訓練相關資料需存檔以供查核，檔案保存期限至少
一年。

5. 催收人員作業規範暨懲罰標準

○○公司催收人員作業規範暨懲罰標準

壹、作業準則

一、進行催收時，應配戴員工識別證及對債務人或相關第三人出示授權書；催收過程需全程錄音記錄，以避免不當行為。

二、催收作業時間原則上於 07：00～22：00 一般正常作業時間為之，若有特殊原因需於特定時間始能聯絡債務人者，不在此限。

三、聘僱催收人員時，應取得該聘僱人員書面同意金融機構及財團法人金融聯合徵信中心得蒐集、處理及利用其個人資料。

四、催收人員需外觀端正，不得有奇裝異服及不良嗜好情事。

五、催收人員不得自稱銀行行員或法院人員，需表明○○公司身份。

六、進行催收時，不得以任何方式透過對第三人之干擾或催討進行催收。

七、進行催收時，不得有脅迫、辱罵、騷擾、誤導、欺瞞債務人或相關第三人或造成債務人隱私受侵害之其他不當之催收行為。

八、除金融機構讓售之債權金額外，不得額外向客戶催討其他費用。

九、催收過程嚴禁使用暴力、肢體碰觸、張貼大字報、噴漆塗鴉等方式進行催討帳款；未經客戶同意，不可擅自以任行形式進入屋內，且不可拿取客戶或相關人所有之任何物品。

貳、懲罰標準

一、催收人員違反一至三項且情節輕微者，第一次口頭申誡、第二次以後視情節記過、扣薪或開除。

　　催收人員違反四至九項者，視情節記過、扣薪或開除。

二、違反此作業準則之員工，若確定客訴成立，○○公司的不經預告逕為解僱且無需支付資遣費，如因此造成○○公司損失尚須負擔損害賠償責任。

三、○○公司如發現催收人員有違反公司規定涉及暴力、脅迫、恐嚇討債等情事時，應盡速主動報請治安機關處理。

四、○○公司如發現催收人員違反公司規定而遭不適任解職時，應主動將該員資料報請金融聯合徵信中心，以期杜絕不適任者擔任相關業務之執行，登錄資料包括：

1. 基本資料。
2. 離職日期。
3. 離職原因。

6. 催收作業流程暨辦法

○○公司催收作業流程暨辦法

一、進行催收時，應配戴員工識別證及對債務人或相關第三人出示授權書；催收過程需全程錄音記錄，以避免不當行為。

二、進行催收時，不得以任何方式透過對第三人之干擾或催討進行催收。

三、進行催收時，不得有脅迫、辱罵、騷擾、誤導、欺瞞債務人或相關第三人或造成債務人隱私受侵害之其他不當之催收行為。

四、催收人員不得自稱銀行行員或法院人員，需表明○○公司身份。

五、除金融機構讓售之債權金額外，不得額外向客戶催討其他費用。

六、催收作業時間原則上於 07：00～22：00 一般人正常作業時間為之，若有特殊原因需於特定時間始能聯絡債務人者，不在此限。

七、催收人員需外觀端正，不得有奇裝異服及不良嗜好。

八、催收過程嚴禁使用暴力、肢體碰觸、張貼大字報、噴漆塗鴉等方式進行催討帳款；未經客戶同意，不可擅自以任行形式進入屋內，且不可拿取客戶或相關人所有之任何物品。

7. 資料管理暨列印辦法

○○公司資料管理暨列印辦法

　　為確保本公司客戶委交之債務人相關資料，於執行催收作業中不致外流而導致債務人及客戶之權益受損，特針對資料之作業流程、處理管制全線及安全管理查核規定加以規範。

一、文件控管

　　　　文件保存：內部文件調閱需由主管簽字同意後始能申請，並規定調閱人員於當日收回並歸檔，以避免資料外流及保持原始文件的完整性。

二、事務機器控管

　1. 影印機：影印機均設有密碼，並由營運作業管理部門列表管理，使用者需輸入密碼才可影印。

　2. 傳真機：傳真文件需於登記表上登記傳真內容及對象後，經由主管簽核始得傳真。

　3. 印表機：帳務管理人員所使用之終端機僅供執行業務時調閱資料使用，除主管人員外各終端機無法執行列印、拷貝或各類型之資料會出功能。系統並將針對每宗資料被查詢之時間自動記錄以便隨時查證。

4. 開機密碼：每臺電腦均設定個人開機密碼，必免他人進入窺視資料。

5. 螢幕保護程式：每臺點腦螢幕均設保護程式，每人為 3 分鐘。以防止非權責人員窺視客戶資料。

6. 磁碟機：除主管外，帳務管理人員皆無磁碟機，無法使用磁碟片。

7. 光碟機：除資訊人員作業需要外，其他部門均未裝設光碟機。

8. 網際網路：除主管外，帳務管理人員無法使用網際網路。

9. 檔案室門禁：檔案室設有門禁管制，僅授權之員工始可刷卡進出檔案室，而非設定者不得出入檔案室，得填寫檔案調閱申請單，經主管核准後借閱相關檔案。

三、系統權限

A. 帳務管理人員機資料輸入人員電腦帳號權限限制說明：

・個人操作桌面限制只有開始功能表給予所需程式執行捷徑，並指能讀取執行程式。

・使用者無法將任何資料另存攜出。

・電腦無磁碟機。

・無法安裝任何軟體程式。

・使用者三分鐘無使用，電腦自動進入螢幕保護，並鎖定電腦。

B. 一般行政單位

・個人操作桌面不做限制。

・只能讀取隸屬部門單位分群組權限讀取網路上共用資料。

・無法安裝任何軟體程式。

・網路資源依個人工作內容申請網路資源權限

・可執行的程式依個人業務限制可執行程式之權限。

　　使用者三分鐘無使用電腦，自動進入螢幕保護，並鎖定電腦。

8. 錄音機管理程序

○○公司錄音機器管理程序

一、目的：錄音系統關係客戶對公司印象，及重要案件稽徵依據。故特定此管理辦法，以其減少未錄音狀況及即時處理錄音機器的不正常情況。

二、範圍：錄音系統相關作業依本程序規定辦理。

三、權責：資訊管理部門負責錄音系統設備相關作業。

四、作業內容：

    4.1　狀況檢查

        4.1.1　列入每日機房例行檢查工作項目內，並將檢查結果記錄欲【機房設備檢查表】檢查項目為錄音機器主程式是否正值執行，各局線（Trunk）有無錄音時間超過一小時，錄音資料是否會自動分配，試聽前一鐘頭之內的錄音檔案確定內容正確，沒有不正常截斷或快轉現象，並每週彙整呈主管簽核。

        4.1.2　在每部機器硬碟內 C:\DCRS\System 有每月所產生的 Log 記錄檔，凡主程式有關閉或開啟的動作接會寫入 Log 中，每週統計一次並記錄於【主機停機記錄表】內，並每週彙整呈主管簽核。

4.1.3 發生異常時處理過程需記錄於【系統異常報告】並
於處理完畢時呈主管簽核。

4.2 備份說明

4.2.1 錄音資料一律保存半年，光碟上並註明光碟備份時
所產生的系統編號和錄音主機編號。為方便尋找備
份資料光碟，每片光碟皆有一流水號，【錄音備份
管理記錄簿】上會詳細記載各片 DVD 流水號及系統
編號，光碟作異地存放，並於每週彙整呈主管簽核。

4.3 備份光碟管理

4.3.1 為為戶錄音資料安全保密性，備份所產生光碟皆放
置於儲存貴並上所保存，鑰匙由 MIS 專員保管。如
有調閱錄音需求時，需向資訊管理部門申請，並記
錄於【錄音調閱記錄簿】，以便日後查核相關調閱
記錄，並每週呈主管簽核。

4.4 若發現錄音主機狀況不正常時，通知主機維護廠商。

4.5 錄音資料保存期限為半年。

4.6 錄音檔案為公司機密資料，非經許可不得外流。

9. AMC 致聯徵函

受 文 者：	財團法人金融 聯合徵信中心	機關地址：	臺北市○○路○ 號○樓
速　別：		電話：	（02）8712-3200
密等及解密條件：		傳真：	（02）8712-3217
發文日期：	中華民國九十三 年十一月一日	承辦部門：	
發文字號：	（93）　字第　　號		
附　件：	AMC 債務人償還註記資料表。		

主　旨：為請　貴中心配合授信戶信用資料之註記事宜，敬
　　　　請　惠辦。

說　明：

一、緣 XX 商業銀行股份有限公司業於民國（以下同）
九十三年三月二十六日將其對債務人 XX 公司之借
款債權併附相關權利讓與予本公司。

二、現因清償債務，茲請求　貴中心協助就該借款之從
債務人 XXX（TXXXX03163）為相關信用資料之註
記，詳情請見附件；本公司對主債務人及其餘從債
務人之債權仍存在並未結清。

33

三、敬請 惠辦。

正　　本：財團法人金融聯合徵信中心

副　　本：

董事長 XXX

10. 還款證明書

清償證明

　　茲因×××女士，身份證統一編號 A123456789，前向○○商業銀行申辦現金卡，又上述債權業於 95 年 12 月間售予本公司，合先敘明。

　　現借款人業已於民國 96 年 1 月 5 日依協議償還結清債務，爰立具證明。

　　此　　致

×××　君

　　　　　　　　立　書　人：○○股份有限公司
　　　　　　　　法定代理人：○　　○　　○

中　華　民　國　九　十　六　年　○　月　○　日

二、人事制度篇

1. 到職文件

○○公司聘僱人員切結書

一、品格保證條款

　　　　立切結書人保證並無以下情事：

1. 曾犯刑法、組織犯罪防制條例、檢肅流氓條例、槍砲彈藥刀械管制條例等相關暴力犯罪，經判刑確定或通緝有案尚未結案者。

2. 受破產之宣告尚未復權者。

3. 使用票據經拒絕往來或有其他債信不良紀錄尚未了結者。

4. 無行為能力或限制行為能力者。

5. 違反本要點而離職，並經金融機構報送財團法人金融聯合徵信中心登錄者。

二、保密條款

　　　　立切結書人知悉於○○公司所接觸之一切資訊（包括但不限於相關文件、檔案資料）均為機密文件，立切結書人保證未經○○公司同意前，不得將其洩漏或交付第三人其內容之全部或部分。

三、資格條款

　　　立切結書人應於任職後兩個月內依行政院金融監督管
　理委員會規定，補正參加公會或其認可之機構舉辦有關催
　收專業訓練課程或測驗並領有合格證書。

四、授權條款

　　　立切結書人茲授權並同意○○公司及財團法人金融聯
　合徵信中心得蒐集、處理及利用其個人資料。

五、立切結書人如有違反前開條款，願接受○○公司解雇處分
　及賠償○○公司一切損失。

　　　　　　　　　　立切結書人：
　　　　　　　　　　身份證字號：
　　　　　　　　　　住　　　址：

中　華　民　國　　九　十　年　　月　　　日

2. 負責人聲明書

聲明書

　　本人為○○股份有限公司之負責人，並無「銀行負責人應具備條件資格準則」第三條第一項除第十三款外之各款所述情形，特此聲明。

　　此　致
○○商業銀行

　　　　　　　　　　立聲明書人：○○○

中　華　民　國　九　十　年　　　月　　　日

3. 新進人員訓練講義

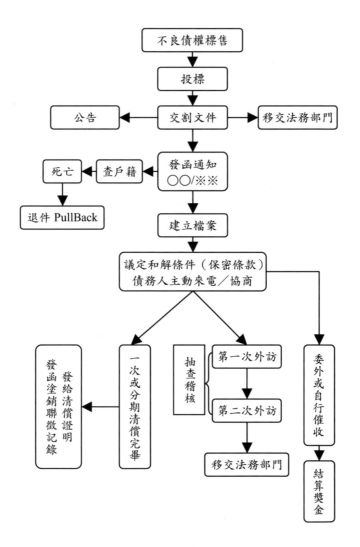

○公司作業流程

◎ 點收權利文件

◎ 發律師函予債務人

◎ 現已進行扣薪、公教人員暫勿發函，移交法務組控管

◎ 已進行和解中案件先暫勿發函，交法務組控管

◎ 債務人已死亡時先暫勿發函，交法務組控管

◎ 債務人現址不明時，至戶政機關先行查址（每份二十元）

◎ 聘僱人員簽立保密切結書

◎ 催收人員繳交聯徵信用資料及無犯罪紀錄證明

◎ 建立債務人資本資料檔案

◎ 按債務人戶籍址資料分區委請訪查視找

◎ 外訪人員作業準則及識別證、授權書

◎ 按外訪結果填具「訪查視找記錄表」

◎ 聘僱人員訓練制度

◎ 依「訪查視找記錄表」內部及外部抽樣稽核

◎ 債務人達成協議，出具清償證明及塗銷聯徵記錄

◎ 債務人分期清償，分期款項入帳及會計制度

◎ 外訪結束，全案移送法務組處理

Q： ○○公司係屬何種性質的行業？

A： ○○公司為依法登記的資產管理公司，即俗稱之 AMC 公司，可從事應收帳款及不良債權的買賣業務，本公司現購得○○銀行現金卡不良債權共十五億元，與○○法律事務所等多家公司委外或自行催收不良債權。

Q： 催收不良債權的程序為何？

A： 本公司購得○○銀行不良債權後，○○銀行及本公司委請○○法律事務所均發函敦促債務人盡速出面與本公司協商，目前已有多起協商成功案例；若債務人仍拒不出面，本公司將派員或委外人員進行外視訪查程序，如外訪後確認債務人無還款意願，再將全案移請法務組進行訴追。

Q： 債務人與本公司協商還款流程為何？

A： 債務人與本公司協商還款，請債務人將其還款金額直接匯入或劃撥進入本公司帳戶，待其全部依約清償完畢後本公司將開立清償證明，及發函予聯合徵信中心以塗銷該戶信用註記。

Q： 債務人電詢其欠款金額時，應如何計算？

A： 基本上，銀行債權的計算方式由三部份組成，亦即本金、利息、違約金。

舉例而言：某甲借款十萬元，利息以 10%計算，違約金六月內為利息的 10%，以上則為 20%；當其違約一年後來電查詢其欠款金額：

此時本金為$100,000。

利息為$100,000×10%＝$10,000。

六個月內違約金為 100,000×10%×10%×0.5＝$500

六個月後違約金為 100,000×10%×20%×0.5＝$1,000

欠款總額$100,000＋$10,000＋$1,500＝$111,500

Q： 聘僱人員簽立保密切結書之性質如何？

A： 由於本公司自○○銀行獲得債務人資料售個人資料保護法限制，因此除簽立保密切結外尚需針對上網及 USB 等加以管制。

Q： 如有人來電提及債務人已死亡，應如何處理？

A： 此時可請其將死亡證明、除戶謄本或法院核准拋棄繼承函件傳真予本公司，本公司再將該不良債權賣回○○銀行。

4. 警察紀錄證明申請書

應繳文件（REQUIRED DOCUMENTS）：
1. 申請人身分證正本及正、反面影本乙份（正本驗畢退還）。
   或戶口名簿正影本或一個月內之戶籍謄本正本乙份。
2. 護照影本（COPY OF PASSPORT）
3. 證明書費，每份新臺幣 250 元整（＄250 NT FOR EACH COPY）
4. 領證方式：□自取 □郵寄 （□普掛 □限掛 □快遞）
5. 申請份數：_____ 份

申請人簽章：_____
Applicant's Signature

代申請人簽章：_____
Agent's Signature

警察刑事紀錄證明申請書
APPLICATION FORM FOR POLICE CRIMINAL RECORD CERTIFICATE

中文姓名
NAME IN CHINESE : _____
英文姓名　　　姓
NAME IN ENGLISH : SURNAME : _____
國　籍
NATIONALITY : _____
出生日期　　公元_____年_____月_____日
DATE OF BIRTH : 　YEAR　MONTH　DAY
身分證字號（外國人請填護照號碼）
ID OR PASSPORT NO. : _____
電話
TELEPHONE : (O)_____ (H)_____
在臺聯絡人、電話、地址
PERSON TO CONTACT
NAME, TEL, ADDRESS, IN TAIWAN : _____

曾更改姓名者
請註明原名：_____
名
GIVEN NAME : _____
出 生 地　□臺灣省□臺北市
PLACE OF BIRTH :　□高雄市□其他_____
性別　　　　M 男　　□F 女
SEX
戶籍地址
ADDRESS : _____
通訊地址
MAILING ADDRESS : _____

領取方式：1 自取　　2 郵寄
HOW TO GET : 1_____ (BY YOURSELF)　　2_____ (BY MAIL)
證明期間：□ 全部期間 □ 部分期間：自民國_____年_____月_____日至民國_____年_____月_____日
上一次申請時間（未申請者免填）：_____年_____月_____日文號：_____

委託書　NOTARIZED STATEMENT

（本人不克親自申請，委託他
人代辦者，請填委託書）
Those who could not come to
apply in person may authorize
the proxy by filling out the
notarized statement.

受委託人簽名：
Agent's name _____
身分證字號：
ID or Passport NO._____
地址：
Address : _____
申請人簽章：
Applicant's Signature _____

公務欄申請人請勿填（OFFICIAL USE ONLY）

查結	核果	□ 無犯罪紀錄。 □ 有刑案資料，詳如刑案資料檢查 　 結果通知單。	編　號	
			承辦人 簽　章	

說明：
1 核發證明需三個工作天，但因涉案未結需向司法或軍法機關查詢者不在此限。
  It will take three working days for issuing this certificate . Sometimes , waiting period will be longer because
  court records need to be checked.
2 如以網路申請，須俟收到匯款方予受理。
  If you want to apply this certificate by internet,waiting period will be needed before Postal remittance is confirmed.

5. 聯徵申請書

乙式：郵寄申請

財團法人金融聯合徵信中心
當事人個人信用報告申請書

※基本資料　　　　　　　　　　申請日期：　　年　　月　　日

當事人	
中文姓名	戶籍地址： 電話：(H)　　(O)　　(手機)
英文姓名	寄發地址 □同戶籍地址：如上 □住居所： □工作地址：
身分證號	

郵寄申請證明文件：1.身分證正反兩面影本 2.最近三十日內「全部戶籍謄本」正本 3.健保卡、護照、駕照、學生證、居留證等足資證明本人身分之文件中任其中一項證明文件影本。

以上文件缺一不可，且證明文件若為影本者，請於影本上加註：「本影本與正本相符」並於其後簽名或蓋章，提供本中心辨識本人身分及存證。

其他配合事項	1. 若信用報告要寄至工作地址者，請檢具工作單位證明文件。 2. 寄至工作地址或住居所者，必要時本中心將予查證處理；拒絕查證或工作地址、住居址無法查證屬實確係本人申請者，本中心拒絕核發當事人綜合信用報告並退件至戶籍地址。 3. 申請書填寫內容經本中心查證不實者，將拒絕核發當事人綜合信用報告。 4. 所提供身分證明文件經本中心查證如有偽造之嫌，本中心將報警處理移送訴追。 5. 本中心須查證案件，經查證無誤後予以核發信用報告，以確保當事人權益。(請填寫平日日間得聯繫本人之電話號碼或手機)

※申請事項

1. 查詢個人信用報告乙份費用如下：
　　□(1)□中文新臺幣壹佰元整 □英文新臺幣貳佰元整 □中英文各一份新臺幣參佰元整。
　　□(2)查詢費優惠：身心障礙者、失業或低收入人士每年可免費申請信用報告乙份，超過者每份收費新臺幣伍拾元整。申請時須另提供政府核發相關證明文件供查核。
　　◎申請原因：(最多勾選 2 項)
　　A.□瞭解信用紀錄　B.□申請貸款　　C.□申請信用卡/現金卡　D.□求職
　　E.□了解有無被冒貸/冒辦信用卡/現金卡　F.□留學　G.□租屋　H.□參加互助會 I.□移民
　　J.□董監事/經理人資格審查 K.□公職人員資格審查　　L.□投保保險
　　M.□工程投標　　N.□了解禁治產人/被繼承人/破產人之負債　　O.□法院訴訟
　　Y.□銀行公會消金債務協商專用 Z.□其他 (請說明)
2. □補充/更正　請檢具足資證明文件 (就證明文件查證後辦理)
※如欲註記票據拒往資訊已解除者，請檢具票交所第二類票據查覆單。

茲同意財團法人金融聯合徵信中心依其營業登記項目或章程所定業務需要等特定目的，得蒐集、電腦處理及利用本人資料。

以上所填各項經當事人確認無誤。　　　　　　本中心經辦人：

當事人簽章：＿＿＿＿＿＿＿＿＿　　　　　　＿＿＿＿＿＿＿＿＿

三、債權買賣篇

1. 保密承諾書

保密承諾書

　　緣＿＿＿＿＿＿＿＿＿＿＿＿（以下簡稱「買方」）與○○股份有限公司（以下簡稱「賣方」）擬就「賣方」讓售或處分其現有之若干產權或投資（以下合稱「交易事項」）進行商議，並自賣方取得相關文件、檔案資料（以下簡稱「保密資訊」），茲就各該保密資訊之使用、聲明與承諾如下：

（一）「買方」對於自「賣方」所取得一切「保密資訊」之使用與保管，應與保管與使用其內部機密資料採取相同之注意與措施，且除本承諾書另有規定外，非經「賣方」事前之書面同意，不得洩漏或交付第三人其內容之全部或部分。

（二）「買方」承諾，其負責人、董事、經理人編制內外員工或顧問，對於「保密資訊」之使用或利用，應以職務上需要且以評估、研議或執行「交易事項」之必要而需提供予其投資夥伴、外聘專業顧問或融資銀行（以下簡稱「收受人」）參酌使用，「買方」應要求各該「保密資訊」之「收受人」亦嚴守保密義務。

（三）本承諾書所稱之「保密資訊」不包括：（1）一般公眾所知悉的公開資訊；（2）「買方」自第三人所取得之資訊，

　　　　　且該資訊之提供者並未對於「賣方」負有保密義務，或
　　　　　其資訊之提供並非構成對於「賣方」之違約行為；（3）
　　　　　在「賣方」提供「買方」前，「買方」已取得之資訊。

（四）「賣方」得以書面通知要求「買方」歸還其所提供之「保
　　　　　密資訊」，「買方」於接獲該書面通知後，應立即將其
　　　　　所取得或持有之一切「保密資訊」送還「賣方」，或得
　　　　　經「賣方」書面或口頭同意後，將其所取得或持有之一
　　　　　切「保密資訊」全數銷毀。

（五）「買方」如因法律、命令、行政機關之通知或處分、檢
　　　　　察或司法機關之處分、裁定或命令而需公開或交付任何
　　　　　「保密資訊」時，應於公開或交付前盡速以書面通知「賣
　　　　　方」，俾便「賣方」採取相應措施。

謹致
○○股份有限公司

_____

職稱：

公司：

日期：

2. 不良債權讓售契約書

不良債權讓售契約書

立契約書人：○○股份有限公司（以下簡稱甲方）

XX 資產管理股份有限公司（以下簡稱乙方）

茲因雙方就不良資產讓與相關事宜，議定下列條款，以資共同遵守：

一、讓與標的：

甲方同意將附件依所示包括二百位借款人之債權擔保物權及其他從屬權利（下稱讓與標的），全部（A 建設須待法院分配款項領畢後始行交割）以交割日（簽約日後十個工作天）之現狀讓與予乙方。

二、讓與價金：

1. 前開讓與標的以 NT＄＿＿＿＿＿＿＿＿為讓與價金（簽約日即一次付清全部款項）。

2. 除有下列情事之一時，乙方不得要求調減讓與價金：

   A.交割日前任何因政府或第三人之強制或禁止命令，至甲方無法移轉讓與標的債權予乙方時。

   B.交割日前或自交割日起三個月內（下稱瑕疵發現期間），乙方發現甲方或讓與標的有違反本約之切結事項，且對讓與標的價值有重大影響時。

3. 雙方依前項規定調減各戶之讓與價金時，應以乙方所負之單價分析表所載個別債權之單價為調降依據，但調減事由非存在於該債權或抵押物全部時，應按比例調減之。

4. 乙方已依本條第二項調減讓與價金時，不得另向甲方請求損害賠償。

三、甲方茲切結如下：甲方為讓與標的之權利人，有自由處分讓與標的之權利，且甲方就讓與標的所受之清償，並未受任何法令或契約之約束而應交付予第三人。

四、乙方所出具之保密承諾書及單價分析表均應視為本約之一部分，與本契約書有同一效力。

五、乙方如需委託甲方（或其子公司、關係企業）代為催收前開不良債權，應於本約簽訂後七日內另行補足價款並簽立委任契約。

六、本約一式二份，雙方各執乙份為憑。

立 書 人：○○股份有限公司

負 責 人：○○○

地 址：臺北市○○路○號

立 書 人：XX 資產管理股份有限公司

負 責 人：○○○

地 址：臺北市○○路○號

中 華 民 國 X 年 X 月 X 日

3. 訪查視找委任契約書

訪查視找委任契約書

　　茲因○○股份有限公司（以下簡稱甲方）將標售○○銀行信用卡不良債權之訪查視找工作委請＿＿＿＿＿＿＿（以下簡稱乙方）代為處理，雙方議定契約條款如下，共同遵守：

一、委任範圍為：居住○○縣市之不良債權當事人。

二、乙方同意於本金十萬元以下之不良債權必須以 50%以上達成和解條件，但經甲方同意者不在此限。

三、雙方同意如以分期方式達成和解者，最多以十期為限。

四、雙方議定服務費為：經訪查視找成功後收回債權者，和解條件佔本金 50%以下者，以實際收回金額 10%計算；和解條件佔本金 51%以上者，以實際收回金額 12%計算。該服務費每月 5 日結算，由甲方於次日匯入乙方帳戶。

五、訪查視找內容如下：

　1. 住家地址確認及公司地址查證

　2. 收集現場鄰居相關資料

　3. 未遇本人，留言給家人鄰居之代為轉達

　4. 提供可能有效之新資料，如電話及住址

　5.其他客戶指定希望取得的特定訊息

六、訪查視找作業人員需符合下列之規範：

  1. 外訪人員需服裝端正，不得有奇裝異服及不良嗜好的情形發生。

  2. 外訪人員需配戴員工識別證及授權書，並應將外訪過程中與客戶或其相關人之談話內容全程錄音。

  3. 外訪過程嚴禁使用暴力、肢體碰觸、張貼大字報、噴漆塗鴉等方式進行催討帳款；未經客戶同意，不可擅自以任何形式進入屋內，且不可拿取客戶或相關人所有之任何物品。

  4. 外訪人員作業時需以二人一組方式為之。

  5. 前開錄音資料需保存半年以上。

七、乙方應針對前開外訪作業進行內部查核，並應協助甲方定期或不定期進行外部查核。

八、乙方之保密機制：

  1. 乙方之受僱人員需簽訂員工服務規約暨保密承諾書。

  2. 乙方之受僱人員處理所有委託機構及其客戶資料，均應遵守「電腦處理個人資料保護法」之規定。

  3. 乙方對於委託機構及客戶資料需有嚴密保護措施，確保接觸資料者不外洩委託機構及客戶資料，且不得為其他不當利用。

九、乙方承諾進行前開委任事務時，不得違反法令強制或禁止規定、公共秩序及善良風俗，對經營管理及客戶權益，不得有不利之影響，並應確保遵循銀行法、洗錢防制法、電腦處理個人資料保護法及其他相關法令之規定。

十、乙方不得將前開委任事務再另行複委任他人代為處理債權催收。

十一、乙方需針對新進人員及在職人員舉辦催收相關作業教育訓練，以提升催收人員專業素養，降低申訴案件發生率，訓練相關資料需存檔以供查核，檔案保存期限至少一年。

十二、乙方新進人員需繳交聯合徵信中心提供之「當事人綜合信用報告書」及警察機構提供之「無犯罪紀錄證明」，以供信用及品格查驗。

十三、乙方如隱匿收回債權或違反前開條款者，願賠償甲方該月〈該戶〉報酬之十倍。

十四、如因本約所引起之一切糾紛雙方合意以臺灣臺中地方法院為第一審管轄法院。

甲　　　方：○○股份有限公司

法定代理人：

乙　　　方：○○公司

法定代理人：

中　華　民　國　　　　年　　　　月　　　　日

4. 律師函

○○ 律師事務所函

受 文 者：君 ID：＿＿＿＿＿＿　　地址：臺中市○○路○○號
發文日期：中華民國九十六年十　　電話：04-2706-××××
　　　　　二月二十七日

主　　旨：為代通知○○銀行對　貴戶債權業已移轉予○○
　　　　　（股）公司乙事，請儘速協調為禱。

說　　明：

本所客戶○○（股）公司來所委稱：「貴戶所積欠
○○銀行之現金卡債權業已依法移轉予○○（股）
公司，特函通知前開債權移轉情事，如　貴方於函
到二月內出面協調清償○○（股）公司願提供優惠
折扣，若　貴方仍置之不理將委請本所人員親自登
門拜訪共同謀求解決方案」，合代發函如上。

律師　○○○

5. 債權讓與聲明書

債權讓與聲明書

立聲明書人○○商業銀行股份有限公司茲證明並確認本行已於中華民國○○年○月○○號對左列主債務人（即借款人，以下同）除信用卡墊款債權及汽車貸款債權以外之全部債權（含本金利息違約金代墊訴訟費用及其他從屬之權利），讓與 XX 第三資產管理股份有限公司（以下簡稱「XX 公司」）。該項債權讓與並已依金融機構合併法第十五條第一項第一款及同法第十八條第三項，於移轉日次日以公告代債權讓與之通知，公告在○○年○月○○日臺灣時報第○版；是本債權業已合法移轉，對主債務人及其保證人等立即發生效力，主債務人及其保證人等自公告日起，應逕向 XX 公司清償相關債務。

主債務人：AA 實業股份有限公司

　　　　　（統一編號／或身份證字號：1234567X）

連帶保證人：BBB

　　　　　（統一編號／或身份證字號：A12345678X）

　　此致　　　　　　XX 第三資產管理股份有限公司

　　　　　　　立聲明書人：○○商業銀行股份有限公司

中　華　民　國　　　　年　　　　月　　　　日

四、制式催收函篇

1. 制式催收函 1

外訪函或現場留函範本

○○○公司外訪留函

受 文 者：　　　先生／女士

主　　旨：請於文到○日內（視各銀行需要自行訂定）悉數清
償　臺端積欠○○公司之款項，請　查照辦理。

說　　明：

一、本公司受○○銀行委託處理逾期帳款催收事宜。

二、臺端前與○○間存有（產品別、卡號、貸放帳號等，
末 4 碼隱藏）債權債務關係，迄今尚有新臺幣○○
○○○元整仍未清償（未含其他依契約得計入之應
付款項），嗣經屢次催討，惟均未獲置理。

三、本公司特派員前來　臺端住所訪視未遇，特留函告
知，請　臺端於見到本函○日內（視各銀行需要自
行訂定）悉數清償上揭款項，或電洽本公司專員洽
商還款事宜，以免訟累，幸勿自誤為禱。

〇〇〇〇公司

聯絡人：《催收人員外稱》

電話：《號碼》

＊來電一律保密＊

〇〇〇〇銀行申訴電話：

〇〇〇〇公司申訴電話：

中　華　民　國　〇〇　年　〇〇　月　〇〇　日

2. 制式催收函 2

強制執行（預告）通知函範本

受 文 者：　　　　先生／女士

主　　旨：請於文到○日（視各銀行需要自行訂定）內悉數清
償　臺端積欠○○銀行之款項，請　查照。

說　　明：

一、本公司受《銀行全名》委託處理逾期帳款催收相關
事宜。

二、臺端前與《銀行全名》間存有（《產品種類》《帳
卡號顯示》）債權債務關係，迄今尚有《催收金額
國字》元整仍未清償（未含其他依契約得計入之應
付款項），嗣經屢次通知，惟均未獲置理。

三、為此函告　臺端速於文到○日（視各銀行需要自行
訂定）內悉數清償上揭款項，或電洽本公司專員洽
商還款事宜，逾期《銀行全名》將聲請法院進行相
關司法程序。屆時所產生之訴訟費用等亦將依法由敗
訴或受執行之一方負擔，特此告知，幸勿自誤為禱。

《公司名稱》

聯絡人：《催收人員外稱》 電話：《公司電話》 分機《分機》

＊來電一律保密＊

《公司名稱》申訴電話：

《銀行名稱》申訴電話：

中　華　民　國　○○　年　○○　月　○○　日

3. 制式催收函 3

違約提醒還款或催繳函範本

受 文 者：　　　先生／女上

主　　旨：為通知　臺端所積欠○○銀行之《產品種類》帳款，
該筆帳款現已委託【○○公司】處理，特此通知詳
如說明，請　查照！

說　　明：

一、○○公司茲受○○銀行委託處理帳款催收事宜，茲
因　臺端所積欠該銀行之帳款迄未清償，為此通知
臺端，本公司為體察　臺端困境，願意提供必要之
協助，向銀行協商爭取最優惠之還款條件，請　臺
端儘速出面與本公司連絡，以利進行協商。

二、臺端積欠上述帳款之違約事實，已依規定列入聯合
徵信中心之信用資料庫記錄內，此將影響　臺端日
後與金融機構之往來信用記錄。

三、現今債權銀行已提供債務協商方案，只要　臺端願
意勇敢的面對問題，本公司專業的團隊，將針對　臺
端目前所面臨的問題，幫　臺端規劃還款計劃，給予
臺端專案的建議，相信　臺端必能重啟人生的希望。

四、為保障　臺端權益，請　臺端儘速來電與本案承辦
　　人員商洽還款事宜，以獲重生。

五、臺端如遇本公司不當催收，可撥打申訴專線：

　　xxxx-xxx-xxx，本公司當儘速為　臺端解決。

《公司名稱》

聯絡人：《催收人員外稱》　電話：《公司電話》　分機《分機》

＊來電一律保密＊

《公司名稱》申訴電話：

《銀行名稱》申訴電話：

中　華　民　國　○○　年　○○　月　○○　日

4. 制式催收函4

違約提醒還款或催繳函範本

○○先生／女士

　　本公司接受○○銀行的委託，處理信用卡逾期未繳帳款之催收事宜。

　　本公司於日前接獲委託處理您的案件，發現您積欠之信用卡帳款已逾期多時，對於此筆帳款，銀行得就本金計算循環信用利息，如您未能立即處理將增加您的債務負擔。

　　相信您或有不得已的原因導致積欠此帳款許久無法清償，也期望您在能力範圍內儘速處理帳款，以避免心理或法律上負擔。

　　請立即與我們聯絡，讓我們瞭解您處理的誠意以及目前的經濟狀況，我們將為您盡力爭取合理利息減免機會，讓您不再為積欠帳款而內心不安，您也不會繼續接到銀行或受託單位的催繳通知或電話。

　　請您於接到此信後儘速與我們聯絡，我們將儘可能依您的個別情況，協助您盡快擺脫惱人的債務問題。

　　請現在就致電○○○○○○○找您的專屬承辦人員（○○○），我們將於第一時間為您服務。

《公司名稱》

＊來電一律保密＊

《公司名稱》申訴電話：

《銀行名稱》申訴電話：

中　華　民　國　○○　年　○○　月　○○　日

5. 制式催收函 5

違約提醒還款或催繳函範本

《債務人》〔《身份證字號顯示隱藏末 4 碼》〕　　先生／小姐，您好！

　　本公司受○○銀行委託，承辦　臺端積欠（產品別）帳款之案件（迄今共計新臺幣○○○○元，未含其他依契約得計入之應付款項）。相信您一定知道這與您切身相關，○○銀行已經不只一次試圖與您聯繫，並請您出面解決此一帳款。其實，接到您的案件，本公司的想法是希望可以用什麼方式協助您解決此一問題。

　　欠債還錢是天經地義的事，不可能不還，如果沒有還，除了信用破產長期不能回復之外，難免要面對持續的催收程序及各項法律訴訟程序困擾。避不見面或不處理，只會使問題更嚴重、更複雜，不能解決事情；而利息、違約金、訴訟費用等不斷的增加，以後將更增加您的負擔及處理難度，困擾將無法停止。

　　為了協助您免除遭受上述困擾，並早日回復信用，本公司將有效的協助您處理債務，還清欠款，使您早日回復信用，重新回復正常生活。只要您誠意配合，跨出第一步與本公司聯絡，本公司願意盡全力幫助您，規劃一合理且符合現狀的還款方式，協助您真正的「處理」　而不是「躲避」欠款問題。

　　只要您與本公司聯絡，本公司一定盡全力幫助您。

6. 制式催收函 6

違約提醒還款或催繳函範本

○○○先生／女士

本事務所受《銀行全名》委託，辦理您積欠該行之《產品種類》帳款，金額為《催收金額國字》。

利息及違約金每日都在增加中，尚不包括法律程序費用。

債務若不解決，不會憑空消失。在循環利息及違約金的計算下，金額的數字只會來愈來愈大，接下來的負擔會愈來愈重。這並非雙方所樂見。

請瞭解以下程序：若債務不解決，就可依法律程序辦理。除增加您的費用負擔外，最終到民事執行處進行強制執行程序。逃避不是辦法，會持續影響你今後生活及工作。

您的案件現由本事務所《催收人員外稱》承辦（電話：《公司電話》轉分機《分機》）。您有什麼困難，我們會替你向銀行反應，尋求解決。

請於民國（○○日期）前來電聯絡，否則依法請法院辦理。希勿自誤。

《事務所名稱》

＊來電一律保密＊

＊《事務所名稱》申訴電話：

《銀行名稱》申訴電話：

中　華　民　國　○○　年　○○　月　○○　日

7. 制式催收函 7

違約提醒還款或催繳函範本

《債務人》先生／小姐，您好！

　　本公司受《銀行全名》委託，承辦　您積欠《產品種類》帳款之案件（迄今共計《催收金額國字》，未含其他依契約得計入之應付款項）。相信您一定知道這與您切身相關，《銀行全名》已經不只一次試圖與您聯繫，並請您出面解決此一帳款。其實，接到您的案件，本公司的想法是希望可以用什麼方式協助您解決此一問題。

　　欠債還錢是天經地義的事，不可能不還，如果沒有還，除了信用破產長期不能回復之外，難免要面對持續的催收程序及各項法律訴訟程序困擾。避不見面或不處理，只會使問題更嚴重、更複雜，不能解決事情；而利息、違約金、訴訟費用等不斷的增加，以後將更難處理，困擾將無法停止。

　　為了協助您免除遭受上述困擾，並早日回復信用，本公司將有效的協助您處理債務，還清欠款，使您早日回復信用，重新回復正常生活。只要您誠意配合，跨出第一步與本公司聯絡，

本公司願意盡全力幫助您，規劃一合理且符合現狀的還款方式，協助您真正的「處理」 而不是「躲避」欠款問題。

　　只要您與本公司聯絡，本公司一定盡全力幫助您。

《公司名稱》

聯絡人：《催收人員外稱》　電話：《公司電話》 分機《分機》

＊來電一律保密＊

《公司名稱》申訴電話：

《銀行名稱》申訴電話：

中　華　民　國　○○　年　○○　月　○○　日

8. 制式催收函 8

違約提醒還款或催繳函範本

受 文 者： 先生／女士

主 旨：請於文到○日（視各銀行需要自行訂定）內悉數清
償 臺端積欠○○銀行之款項，請 查照。

說 明：

一、本公司受○○商業銀行委託處理逾期帳款催收事
宜。

二、臺端前與○○商業銀行間存有（產品別、卡號、貸
放帳號等，末 4 碼隱藏）債權債務關係，迄今尚有
新臺幣○○○○元整仍未清償（未含其他依契約得
計入之應付款項），嗣經屢次催討，惟均未獲置理。

三、為此代為函告 臺端速於文到○日（視各銀行需要
自行訂定）內悉數清償上揭款項，或電洽本公司專
員洽商還款事宜，以免訟累，幸勿自誤為禱。

○○○○公司

聯絡人：《催收人員外稱》

電話：《催收人員號碼》

＊來電一律保密＊
《公司名稱》申訴電話：
《銀行名稱》申訴電話：

中　華　民　國　○○　年　○○　月　○○　日

9. 制式催收函 9

違約提醒還款或催繳函範本

受 文 者：　　　　先生／女士

主　　旨：請於文到○日（依各銀行個案需要自行訂定）內悉
　　　　　數清償　臺端積欠○○銀行之款項，請查照。

說　　明：

一、臺端前與《銀行全名》間存有(《產品種類》_____)
　　債權債務關係，迄今尚有《委託金額》元整仍未清
　　償（未含其他依契約得計入之應付款項），嗣經屢
　　次通知，惟均未獲置理。今○○銀行委託本公司代
　　為辦理催收事宜。

二、為此代為函告　臺端速於文到○日（依各銀行個案
　　需要自行訂定）內悉數清償上揭款項，或電洽本公
　　司專員洽商還款事宜，否則本公司將建議《銀行全
　　名》對　臺端進行相關法律程序，特此告知，幸勿
　　自誤為禱。

○○○○公司（委外公司名稱）
聯絡人：《催收人員外稱》　電話：《公司電話》　分機《分機》

＊來電一律保密＊

《銀行名稱》申訴電話：

《公司名稱》申訴電話：

中　華　民　國　○○　年　○○　月　○○　日

10. 制式催收函 10

違約提醒還款或催繳函範本

受 文 者：　　　　先生／女士

主　　旨：○○○○資產管理股份有限公司茲受○○○○銀行
委任，代為催請　臺端清償○○欠款，請　查照。

說　　明：

一、緣本公司受○○○○銀行委託辦理　臺端償務催收
等業務，茲特函告知相關還款事宜，截至民國○○
年○○月○○日止，臺端尚欠之債務金額計《催收
金額國字》未繳納，請於文到○日內清償所積欠之
款項，逾時債權銀行將依法訴追　臺端依法應負之
責任。

二、為保障　臺端權益，請　臺端儘速繳款，或來電與
本案承辦專員《催收人員外稱》聯絡電話《公司電
話》（分機：《分機》）協商還款事宜，以免訟累。

三、臺端如就上述繳款方式與帳號有任何疑問，請逕洽
本案專員或直接撥打○○○○銀行客服專線○○○
○○轉○○○先生／小姐（分機○○○）。

《公司名稱》

＊來電一律保密＊

《公司名稱》申訴電話：

《銀行名稱》申訴電話：

中　華　民　國　○○　年　○○　月　○○　日

五、法律訴追篇

◀ （一）書狀例稿 ▶

1. 聲請更名狀

狀　　別：民事聲請狀

聲　請　人：○○商業銀行股份有限公司
　　　　　　設臺北市松山區○○路○○號
法定代理人：○○○
　　　　　　住同右
聲　請　人：○○股份有限公司
　　　　　　(04)2706-××××　經辦人：黃小姐
　　　　　　設臺中市○○路○號○F
法定代理人：○○○
　　　　　　住同右

為聲請更名事：

　　緣聲請人○○商業銀行股份有限公司與債務人○○○間強制執行事件，現因聲請人○○商業銀行股份有限公司業將前開

債權及一切相關權利移轉予○○股份有限公司，故○○公司為
原聲請人公司之繼受人，檢附債權讓與通知書正本為證，依強
制執行法第四條之二規定，狀請 鈞院迅賜更改聲請人（即繼受
權利人）名稱，以維權益，至感法便。

　　此　致
臺灣○○地方法院　民事執行處　　　　　　公鑒

中　華　民　國　九　十　六　年　三　月　十　三　日

　　　　　　具　狀　人：○○商業銀行股份有限公司
　　　　　　法定代理人：○○○

　　　　　　具　狀　人：○○股份有限公司
　　　　　　法定代理人：○○○

2. 陳報更名狀

民事陳報狀

案　　　號：九十五年度執字第○○○號

股　　　別：○股

陳　報　人：　　○○股份有限公司

　　　　　　　　住臺中市西屯區○○路○○號 6F-1

法定代理人：　　○○○

　　　　　　　　住同上

為陳報事：

　　緣陳報人與債務人○○○間給付借款民事強制執行事件業經　鈞院以九十五年度執字第○○○號受理在案，奉鈞院指示應提出債權讓與證明書正本到院，現檢附前開文件（證物一）以供查核，驗畢後請擲回。

　　另檢附陳報人營利事業登記證影本（證物二）及行政院金管會網站下載臺財融（三）字第 0908010347 號函（證物三）以供釋明，本公司營業登記項目確有「HZ02010 辦理金融機構金

錢債權收買業務」乙項，依前開函釋令即為適用金融機構合併
法規定，特狀請

　　鈞院鑒核，從速續行執行程序，實感法便。

　　此　致
臺灣○○地方法院民事執行處　公鑒

證　物　一：　債權讓與證明書正本乙份。
證　物　二：　○○公司營利事業登記證影本乙份。
證　物　三：　臺財融（三）字第 0908010347 號函。

中　華　民　國　九　十　六　年　二　月　四　日

　　　　　　　　具　狀　人：○○股份有限公司
　　　　　　　　法定代理人：○○○

3. 強執聲請狀

狀　　別：強制執行聲請狀

聲　請　人：○○股份有限公司　(04)2706-XXXX

設臺中市○○路○○號

法定代理人：○○○

住同　　右

債　務　人：○○○

住高雄市○○路○○號

第　三　人：○○證券股份有限公司

設 105 臺北市松山區○○路○號○樓

為聲請追加執行標的事：

　　緣聲請人與債務人○○○間強制執行事件業原經　鈞院以九十五年度執公字第○○號核發移轉命令在案，原聲請人僅針對債務人<u>每月得支領各項勞務報酬（包括薪津、獎金、津貼、補助費等在內）每月薪資三分之一內</u>，但查各項獎金係為獎勵性質與其生活費用無涉，且其薪津（包括薪俸、津貼、補助費等在內）保留三分之二部分已足供其生活所需，故聲請追加執行標的為：<u>每月薪津（包括薪俸、津貼、補助費等在內）於三分之一範圍內，及工作、年終、考核、績效獎金之於四分之三</u>

範圍內，禁止債務人○○○向○○證券股份有限公司收取或為
任何處分，並由聲請人逕向○○證券股份有限公司收取至前開
債權全部清償為止。爰依強制執行法第一一五條規定，狀請
鈞院迅賜核發扣押命令予第三人公司，以維權益，至感法便。

　　此　致
臺灣臺北地方法院　民事執行處　　　　　公鑒

中　華　民　國　九　十　五　年　十　二　月　二　十　八　日

　　　　　　具　狀　人：○○股份有限公司
　　　　　　法定代理人：○○○

4. 刑事告訴狀

狀　　別：刑事告訴狀

告　訴　人：○○股份有限公司

　　　　　　(04)2706-XXXX　經辦：黃專員

　　　　　　設臺中市臺中港路二段 122-19 號 6F-1

法定代理人：○○○

　　　　　　住　同　　右

被　　　告：○○○T12330×××　×

　　　　　　住屏東縣屏東市○○路○○號

為提起刑事告訴事：

　　緣告訴人與被告○○○間強制執行事件原經　臺灣臺北地方法院於 96 年 02 月 16 日核發 96 年度執字第○○號扣押命令在案（證物一），但經與第三人聯絡得知被告業已於 96 年 03 月 1 日離職（證物二），且於 96 年 03 月 5 日領畢二月份薪資，前開扣押命令業已於被告離職前合法送達（請　鈞署向臺北地院調取），被告行為業已該當刑法第三百五十六條規定「債務人於將受強制執行之際，意圖損害債權人之債權而損壞、處分或隱匿其財產者」，且告訴人於 96 年 4 月 9 日以臺中何厝郵局

第○○號存證信函催告被告出面解決均置之不理，爰依刑法向
鈞署提出刑事告訴，實為法便。

　　此　致
臺灣臺北地方法院檢察署　　　　　　公鑒

證物一：臺北地院 96 年度執字第○○號命令影本。
證物二：被告○○○96.03.01 勞工保險退保申報單
證物三：96.04.09 臺中何厝郵局第○○號存證信函

中　華　民　國　九　十　六　年　四　月　十　六　日

　　　　　　　　　　具　狀　人：○○股份有限公司
　　　　　　　　　　法定代理人：○○○

5. 聲請假扣押裁定狀

狀　　　別：　民事聲請狀

訴訟標的金額或價額：新臺幣貳拾捌萬肆仟肆佰玖拾壹元整

聲　請　人：　○○股份有限公司　（04）2706-XXXX 經辦黃專員

　　　　　　　設臺中市○○路○○號

法定代理人：　○○○

　　　　　　　住同上

相　對　人：　○○○　身份證字號：A12345678X

　　　　　　　住臺中市○○路○○號

為聲請裁定假扣押事：

　　　　　　請求之標的並其數量

一、請准聲請人以合作金庫可轉讓定期存單供擔保後，將相對
　　人所有財產在新臺幣貳拾捌萬肆仟肆佰玖拾壹元範圍內予
　　以假扣押。

二、聲請程序費用由債務人負擔。

　　　　　　請求之原因及事實

一、爰債權讓與人○○銀行股份有限公司與債務人○○○間債

務清償事件，業已與聲請人（即債權受讓人）○○股份有限公司簽訂「不良債權讓與契約書」就本案繫屬之本金暨利息（含已發生者）、違約金（含已發生者）、墊付費用等債權、擔保物權及其他從屬之權利一併讓與債權受讓人，並依金融機構合併法第十五條第一項第一款及第十八條第三項之規定，於 95 年 12 月 27 日公告在民眾日報，此有「債權讓與證明書」可證（證物一），是本案之債權業已合法移轉，對債務人自公告之日起立即發生效力，合先敘明。

二、債務人○○○於 94 年 7 月 6 日，書立「循環信用貸款契約」，向債權人辦理循環動用之貸款，額度為五十萬元。前開契約內約訂，債務人憑○○（現金）卡及密碼，在自動付款機器或電話辦理領取現金或轉帳，以進行借貸、取款之行為。其所支用款項，自支用日起息。其往來帳，概以債權人之自動化機器所記載者為準（約定書第十條）。債務人應於每月十五日前，至少給付約定之「最低應繳金額」（第六條）。否則債權人得停止額度（第七條），全部借款並視為到期（第十一條）。其借款利率為年息之 12%。雙方亦約定，債務人逾期償還時，應按借款總餘額，自償還日起，其逾期在六個月以內者，依上開約定利率之一成，逾期六個月以上之部分，則依該利率之二成，計算違約金（第八條）。

三、嗣債務人陸續動支款項，然未依約於 94 年 12 月 06 日前向債權人繳付最低應繳金額。爰自 95 年 1 月 9 日起計算違約

金，迄今債務人尚欠二十八萬四千四百九十一元本金及自
95 年 12 月 6 日計算之利息、自 95 年 1 月 9 日計算之違約
金未為清償，雖屢經催討，債務人均置之不理。

　　近聞相對人等正紛紛脫產，以圖逃避本案債務，設不予及
時聲請　鈞院聲請實施假扣押，而任其自由處分，則聲請人之
債權必有日後不能強制執行或甚難執行之虞，為保全將來執行
起見，聲請人願提供如聲請意旨所列之擔保品以帶假扣押請求
原因之釋明，狀請
鈞院鑒核，賜准裁定如聲請意旨，以保權益。。

證　　　據
證一：債權讓與證明書暨○○銀行印鑑證明影本乙份。
證二：○○卡申請書（含聲明、○○卡約定書）影本乙份。
證三：○○商業銀行出具客戶往來明細查詢單影本乙份。

　　此　致
臺灣臺中地方法院　民事庭　　　　　　公鑒

中　華　民　國　九　十　六　年　三　月　十　三　日

　　　　　　具　狀　人：○○股份有限公司
　　　　　　法定代理人：○○○

法律訴追篇

五

6. 小額或簡易訴訟狀

狀　　別：　民事小額訴訟聲請狀

一、當事人

稱謂	姓名	住址	郵遞區號	電話號碼
原告	○○股份有限公司	設：臺中市○○路○○號	407	04-2706XXXX
法定代理人	○○○	住：同右		
訴訟代理人		住：		
被告		住：		

二、訴之聲明（即請求被告給付的內容）

金額	新臺幣（以下同）貳拾萬貳仟肆佰貳拾肆元整		
利息	自民國 95 年 2 月 16 日起至清償日止	利率	年息12%
違約金	自民國 95 年 3 月 16 日起至清償日止，其逾期在六個月以內者依上開利率 10%，逾期超過六個月部分依上開利率 20%計算。		
訴訟費用	被告負擔。		

三、原因事實

一、原債權讓與人○○銀行股份有限公司與債務人○○○間債務清償事件，業已與原告（即債權受讓人）○○股份有限公司簽訂「不良債權讓與契約書」就本案繫屬之本金暨利息（含已發生者）、違約金（含已發生者）、墊付費用等債權、擔保物權及其他從屬之權利一併讓與債權受讓人（證物一），依強制執行法第四條之二規定，原告即為繼受權利人，合先敘明。

二、檢附原告營利事業登記證影本（證物二）及行政院金管會網站下載臺財融（三）字第 0908010347 號函（證物三）以供釋明，本公司營業登記項目確有「HZ02010 辦理金融機構金錢債權收買業務」乙項，依前開函釋令本公司即適用金融機構合併法第十五條第一項第一款及第十八條第三項之規定，得以公告代通知，前開公告業於九十五年十二月二十七號公告在民眾日報（詳前附之債權讓與證明書），對債務人自公告之日起立即發生效力，無需通知債務人，併此敘明。

三、緣被告（即債務人）於 94 年 2 月 3 日，向○○銀行股份有限公司（即債權讓與人）辦理循環信用貸款（證物四）約定額度貳拾萬元整，前契約約定，被告自借款日起應於每月 15 日前，至少繳納約定之最低應繳金額（條款六），否則原告得停止被告可動用之額度（條款七），全部借款視為到期（條款十一），借款利息年息 15%計付（條款三），遲延履行時，除仍分別按上開利率計算外，逾期在六個月以內者，並分別按上開利率之 10%，逾期在六個月以上者，其超逾部分，分別按上開利率之 20%計付違約金（條款八）。惟被告未依約於 95 年 3 月 15 日前繳納最低應繳金額，依契約約定全部借款視為到期。目前餘欠）貳拾萬貳仟肆佰貳拾肆元整之本金及自 95 年 2 月 16 日起至清償日止之利息及違約金尚未清償。

四、依循環信用貸款契約第十九條之約定，當事人合意以臺中地方法院為第一審管轄法院，以上狀請

鈞院鑒核，賜判決如訴之聲明，實感法德。

四、證據

證物一：債權讓與證明書正本及○○商業銀行印鑑證明影本各
　　　　乙份。

證物二：○○公司營利事業登記證影本乙份。

證物三：臺財融（三）字第 0908010347 號函影本乙份。

證物四：循環信用貸款契約及○○現金卡約定書影本乙張。

　　此　致

臺灣臺中地方法院民事庭　　公鑒

　　　　　　　　具　狀　人：○○股份有限公司

　　　　　　　　法定代理人：○○○

中　　　華　　　民　　　國　　　年　　　月　　　日

7. 強執查薪狀

狀　　　別：　強制執行聲請狀

訴訟標的金額或價額：新台幣玖萬肆仟零貳拾柒元整

聲　請　人：　○○股份有限公司　(04)2706-××××

　　　　　　　設 407 台中市○○路○號○F

法定代理人：　○○○

　　　　　　　住同右

債　務　人：　○○○　A12345678X

　　　　　　　住台中縣豐原市○○路○號

第　三　人：　勞工保險局

　　　　　　　設 10013 台北市羅斯福路一段 4 號

為聲請調查債務人財產狀況事：

　　　　　　　請求金額

一、新台幣玖萬肆仟零貳拾柒元及自民國九十四年九月二十一
　　起至清償日止，按年利率百分之十二計算之利息，暨自民
　　國九十四年十月十六日起至清償日起，其逾期在六個月以
　　內者按上開利率百分之十，超過六個月者按上開利率百分
　　之二十計算之違約金。

二、取得執行名義之費用及執行費用均由債務人負擔。

　　　　執行名義

台灣台中地方法院 94 年度豐小字第×××號民事確定判決。（證物一）

　　　　聲請之理由

一、原債權讓與人○○銀行股份有限公司與債務人○○○間債務清償事件，業已與聲請人(即債權受讓人)○○股份有限公司簽訂「不良債權讓與契約書」就本案繫屬之本金暨利息(含已發生者)、違約金(含已發生者)、墊付費用等債權、擔保物權及其他從屬之權利一併讓與債權受讓人（證物二），依強制執行法第四條之二規定，聲請人即為繼受權利人，合先敘明。

二、檢附陳報人營利事業登記證影本（證物三）及行政院金管會網站下載台財融（三）字第 0908010347 號函（證物四）以供釋明，本公司營業登記項目確有「HZ02010 辦理金融機構金錢債權收買業務」乙項，依前開函釋令本公司即適用金融機構合併法第十五條第一項第一款及第十八條第三項之規定，得以公告代通知，前開公告業於九十五年十二月二十七號公告在民眾日報（詳前附之債權讓與證明書），對債務人自公告之日起立即發生效力，無需通知債務人，併此敘明。

三、現為瞭解債務人之財產狀況，經查第三人勞工保險局知悉債務人之工作狀況，依司法院民事法律專題研究（十七）

法律訴追篇

研討結論認：執行法院對於債權人聲請函查債務人之財產，不得拒絕，應依債權人之聲請調查之。（證物五）

爰依強制執行法第十九條規定，狀請
鈞院迅賜以勞保電子匣門查詢投保狀況，以維權益，至感法便。

　　請將函查結果直接告知，如債務人於　鈞院查無財產，請求換發債權憑證結案。

　　此　　致
台灣台中地方法院　民事執行處　　公鑒

證物一：台中地方法院94年度豐小字第×××號民事確定判決正本。
證物二：債權讓與證明書正本及○○商業銀行印鑑證明影本各乙份。
證物三：○○公司營利事業登記證影本乙份。
證物四：台財融（三）字第0908010347號函影本乙份。
證物五：民事法律專題研究（十七）影本節錄。

中　華　民　國　九　十　六　年　三　月　十　四　日

　　　　　　　具　狀　人：○○股份有限公司
　　　　　　　法定代理人：○○○

101

◀（二）第三人扣薪 ▶

1. 收據 1

收款證明單

　　茲收到第三人　○○公司　代扣　○○　（A12345678X）之 96 年 3 月份薪資　（包括薪俸、各種津貼補助費、工作獎金、績效獎金），計新臺幣 1072 元〈帳款入帳後本收據始生效力〉，依　高雄　地方法院　95 年度執宇字第○○號執行命令辦理。

　　特此證明，請　查照。

　　此　　致

○○公司

　　　　　　　　　　領　款　人：○○股份有限公司
　　　　　　　　　　法定代理人：○○○

　　　　　　　　　　地　　　址：臺中市西屯區○○路
　　　　　　　　　　　　　　　　○○號
　　　　　　　　　　電　　　話：04-2706XXXX

中　　華　　民　　國　9 6　年　3　月　2　日

2. 收據2

茲收到

96年　　　月份薪餉內償付之債款

新臺幣　　　拾　萬　仟　佰　拾　元整。

依據臺灣　　　地方法院　執字第　　　號執行命令辦理。

此致

國軍左營財務組

債權人（法定代理人）：

公司（行號）名稱：OO 股份有限公司

營利事業統一編號：1234567X

電話：04-2706XXXX

傳真：04-2706XXXX

法定代理人姓名：OOO

國民身分証編號：A12345678X

住址：臺中市西屯區 OO 路 OO 號

中　華　民　國　　　年　　　月　　　日

中　華　民　國　　　年　　　月　　　日

3. 重發移轉命令狀

狀　　　別：　強制執行聲請狀

案　　　號：　九十三年度執字第○○號

股　　　別：　正股

聲　請　人：　○○股份有限公司
　　　　　　　設臺中市○○路○○號○F
　　　　　　　(04)2706-××××　　經辦：黃專員

法定代理人：　○○○
　　　　　　　住同右

債　務　人：　○○○　M12068××××
　　　　　　　住桃園市○○街○號

第　三　人：　○○人壽股份有限公司
　　　　　　　設臺北市中山區○○路○號

為聲請重新核發移轉命令事：

　　原債權人（○○商業銀行）與債務人○○○間強制執行事件業原經　鈞院核發移轉命令九十三年度執字第○○號在案，

現因債權業經讓與予聲請人○○（股）公司，特狀請
鈞院迅賜重新核發移轉命令予第三人，以維權益，至感法便。

　　此　致
臺灣臺北地方法院　民事執行處　　　　　公鑒

中　華　民　國　九　十　六　年　三　月　二　十　七　日

　　　　　　　　具　狀　人：○○股份有限公司
　　　　　　　　法定代理人：○○○

4. 通知扣薪函 1

○○股份有限公司　函

受　文　者：國軍○○財務組

發文日期：中華民國九十五年十二月二十八日

附　　　件：如文

主　　　旨：為通知債權移轉乙事，請惠予配合並見復。

說　　　明：

　　一、○○商業銀行股份有限公司對○○○（A12345678X）
　　　　所有之債權，業已依法移轉予本公司〈詳附件〉。

　　二、前開債權業經臺灣高雄地方法院以高雄95執天字○
　　　　○號核發移轉命令在案。

　　三、現以此函通知　貴組前開債權移轉情事，請將後續
　　　　款項逕自匯入本公司帳戶（合作金庫○○分行
　　　　517171761XXXX／○○（股）公司），如有任何配
　　　　合事項請與（04）2706-XXXX 經辦○先生聯繫。

董事長　　○○○

5. 通知扣薪函2

○○股份有限公司　函

受 文 者：○○管理局

發文日期：中華民國九十六年三月十四日

附　　件：如文

主　　旨：為通知債權移轉乙事，請惠予配合並見復。

說　　明：

一、○○商業銀行對林○○（A12345678X）所有之債
權，業已依法移轉予本公司〈附件一〉。

二、前開債權業經臺灣臺北地方法院以臺北 94 執午字
1234X 號核發移轉命令在案，且臺北地院表示「逕
向第三人（即　貴局）表示」即可（附件二）。

三、現以此函通知　貴公司前開債權移轉情事，請將後
續款項逕自匯入本公司帳戶（合作金庫○○分行
517171761600X／○○（股）公司），如有任何配合
事項請與（04）2706-XXXX 經辦○專員聯繫。

董事長　○　○　○

6. 聲請發移轉命令狀

狀　　　別：　強制執行聲請狀

聲　請　人：　○○股份有限公司　(04)2706-XXXX
　　　　　　　設臺中市○○路○○號

法定代理人：　○○○
　　　　　　　住同右

債　務　人：　○○○
　　　　　　　住詳卷

第　三　人：　高雄市○○
　　　　　　　駐高雄市苓雅區○○路○號

為聲請核發移轉命令事：

　　緣聲請人與債務人○○○間強制執行事件業原經　鈞院以
九十五年度執春字第○○號核發移轉命令在案，經聲請人電詢
第三人告知「因其為公務機關僅能遵憑法院命令辦理，因原移
轉命令並非為聲請人名義，故其無法配合移轉收取等後續程
序」，爰依強制執行法第四條之二規定狀請
鈞院核發移轉予聲請人之移轉命令，以維權益，至感法便。

此　致

臺灣高雄地方法院　民事執行處　　　　　　公鑒

中 華 民 國 九 十 五 年 十 二 月 二 十 九 日

具　狀　人：○○股份有限公司
法定代理人：○○○

7. 違反查封存函

郵局存證信函用紙

<table>
<tr><td rowspan="2">副 正
本</td><td rowspan="2">郵　局

存證信函第　　號</td><td>一、寄件人</td><td>姓名：○○股份有限公司</td><td>印</td></tr>
<tr><td></td><td>詳細地址：臺中市○○路○號○F</td><td></td></tr>
</table>

一、寄件人	姓名：○○股份有限公司　　　　　　　　　　印
	詳細地址：臺中市○○路○號○F
二、收件人	姓名：○○科技股份有限公司
	詳細地址：臺北縣新店市○○路○號○F
三、副本收件人	姓名：○○○
	詳細地址：屏東縣屏東市○○路○號
	（本欄姓名、地址不敷填寫時，請另紙聯記）

行＼格	1	2	3	4	5	6	7	8	9	10	11	12	13	14	15	16	17	18	19	20
一	敬	啟	者	：																
二			緣		貴	公	司	員	工	○	○	○	因	積	欠	本	公	司		債
三	務	業	經	臺	北	地	方	法	院	於	9	6	.	0	2	.	1	6	核	發 96 年 執
四	字	第	×	×	×	號	扣	押	命	令	，	但	據	悉		貴	公	司	竟	公 然
五	違	背	法	院	命	令	於	三	月	初	仍	撥	付	該	員	薪	資	，	該	行
六	為	業	已	該	當	刑	法	第	1	3	9	條	違	背	查	封	效	力	罪	， 而
七	該	員	行	為	亦	該	當	刑	法	第	3	5	6	條	損	害	債	權	罪	， 特
八	函	催	告	於	函	到	五	日	內	與	本	公	司	聯	繫	解	決	（	0	4 ）×
九	×	×	×	-	×	×	×	×	經	辦	○	先	生	，	否	則	依	法	向	地 檢 署 提 出
十	告	發	絕	不	寬	貸	，	切	勿	自	誤	，	而	貽	訟	累	。			

本存證信函共　　頁，正本　　份，存證費　　元，
　　　　　　　　　副本　　份，存證費　　元，
　　　　　　　　　附件　　張，存證費　　元，
　　　　　　　　　加具副本　　份，存證費　　元，合計　　元。

經　　　郵局
年　月　日證明正本內容完全相同
　　　　　　副

郵戳　　　經辦員　　　印
　　　　　主管

黏　　貼
郵　票　或 郵　資　券
處

備註

一、存證信函需送交郵局辦理證明手續後始有效，自交寄之日起由郵局保存之副本，於三年期滿後銷燬之。

二、在　　頁　　行第　　格下　塗改
增刪　　字　印（寄件人印章，但塗改增刪每頁至多不得逾二十字。）如有修改應填註本欄並蓋用

三、每件一式三份，用不脫色筆或打字機複寫，或書寫後複印、影印，每格限書一字，色澤明顯、字跡端正。

騎縫郵戳　　　騎縫郵戳

◀（三）追索繼承人 ▶

1. 查拋棄函

○○股份有限公司　函

受 文 者：屏東地方法院家事法庭

電　　話：04-××××-××××　經辦　○專員

發文日期：中華民國九十六年三月二十二日

主　　旨：為查明本公司債務人○○○（T101925×××）之繼承人有無向　鈞院聲請拋棄或限定繼承乙事，請惠予查明並見復。

說　　明：

一、○○商業銀行對○○○（T101925×××）所有之債權，業已依法移轉予本公司〈詳附件〉。

二、據悉債務人○○○業已過世，但繼承人有無拋棄或限定繼承不明。

三、特檢附前開文件向　鈞院聲請查明有無拋棄或限定繼承情事；如　鈞院查無資料時，請核發查○○○除戶全戶之戶籍函件，俾便向戶政機關申請抄錄。

董事長　○　○　○

2. 查拋聲請狀

民事聲請狀

聲請人即債權人：○○股份有限公司

　　　　　　　設 407 臺中市西屯區○○路○號○F

法定代理人：　○○○

　　　　　　　住同上

送達代收人：　○○○　　　電話　04-2706×××××

　　　　　　　住同上

相對人即債務人：○○○　身份證字號：U22037××××

　　　　　　　住基隆市七堵區○○路○號

為　查明其法定繼承人是否有限定或拋棄繼承　事：

　　緣債務人與債權人間具有債權債務關係（如附件一、二所示），另因相對人已於民國 95 年 10 月 19 號死亡（如附件三）所示，今為確保聲請人債權，避免追索無門，懇請　鈞院惠予查明其繼承人是否依法具狀表示限定或拋棄繼承乙事，以保債權人權益，不勝感激！

　　謹　狀

臺灣基隆地方法院家事法庭　公鑒

附件

一、申請書影本乙份。

二、債權讓與證書影本乙紙。

三、債務人最新戶籍謄本影本乙紙。

具　狀　人：○○股份有限公司

法定代理人：○○○

中　華　民　國　九　十　六　年　八　月　十　三　日

3. 繼承人存函

郵局存證信函用紙

副本　正本	郵　局 存證信函第　　　號	一、寄件人	姓名：○○股份有限公司　　印 詳細地址：臺中市○○路○號○F 姓名：○○○
		二、收件人 副　本 三、收件人	詳細地址：屏東縣屏東市○○路○號 姓名： 詳細地址： （本欄姓名、地址不敷填寫時，請另紙聯記）

格＼行	1	2	3	4	5	6	7	8	9	10	11	12	13	14	15	16	17	18	19	20
一	敬	啟	者	：																
二	緣	債	務	人	○	○	○	女	士	前	與	○	○	銀	行	間	有	現	金	卡
三	之	債	權	債	務	關	係	，	現	係	該	債	務	業	已	轉	讓	與	本	公
四	司	，	後	查	知	○	○	○	已	過	世	，	且	經	函	查	屏	東	地	院
五	並	無	繼	承	人	聲	請	拋	棄	或	限	定	繼	承	事	，	依	法	債	務
六	人	生	前	之	債	務	應	由	係	該	繼	承	人	當	然	繼	承	。	故	特
七	為	此	函	通	知	臺	端	等	，	承	希	臺	端	於	函	到	五	日	內	主
八	動	與	本	公	司	聯	繫	，	逾	期	將	依	法	訴	追	，	希	勿	自	誤
九	為	禱	。	電	話	：	0	4	×	×	×	×	×	×	×	×	轉	法	務	○	先	生
十	附	件	：	債	權	讓	與	證	明	書	影	本	乙	紙	。					

本存證信函共　　　頁　正本　　　份，存證費　　　元，
　　　　　　　　　　副本　　　份，存證費　　　元，
　　　　　　　　　　附件　　　張，存證費　　　元，
　　　　　　　　加具副本　　　份，存證費　　　元，合計　　　元。
經　　　郵局　　　年　　　月　　　日證明正本／副本內容完全相同　（郵戳）　經辦員　　　主管　　　印

黏　　貼

郵票或郵資券

處

備註：
一、存證信函需送交郵局辦理證明手續後始有效，自交寄之日起由郵局保存之副本，於三年期滿後銷燬之。
二、在　　頁　　行第　　格下　塗改／增刪　　字　印（寄件人印章，但塗改增刪每頁至多不得逾二十字）　如有修改應註明本欄並蓋用
三、每件一式三份，用不脫色筆或打字機複寫，或書寫後複印、影印，每格限書一字，色澤明顯、字跡端正。

騎縫郵戳　　　騎縫郵戳

4. 起訴繼承人狀

狀　　　別： 民事起訴狀

訴訟標的金額或價額：新臺幣〇〇萬零仟柒佰伍拾肆元整

原　　　告： 〇〇股份有限公司 (04) 2706-××××　經辦人：黃專員
　　　　　　設臺中市臺〇〇路〇〇號

法定代理人： 〇〇〇
　　　　　　住同上

被　　　告： 〇〇〇〇（已於 95.01.31 死亡）　A12345678X
　　　　　　住 360 苗栗縣苗栗市〇〇路〇〇號

被　　　告： 〇〇〇（〇〇〇〇之繼承人）
　　　　　　住 360 苗栗縣苗栗市〇〇路〇〇號

其 他 被 告（即〇〇〇〇之其他繼承人）不明

為清償借款事：

請求之標的並其數量

一、被告〇〇〇〇之繼承人等應連帶支付原告新臺幣（以下
　　同）二十三萬零七百五十四元，及自民國 94 年 12 月 6 日
　　起至清償日止，按年利率 12%計算之利息，暨自民國 95
　　年 1 月 9 日起至清償日止，其逾期在六個月以內者，按上

開利率 10%，逾期在六個月以上者，按上開利率 20%計算
違約金。

二、程序費用由被告○○○○之繼承人等連帶負擔。

請求之原因及事實

一、原債權讓與人○○銀行股份有限公司與債務人○○○○間
債務清償事件，業已與聲請人（即債權受讓人）○○股份
有限公司簽訂「不良債權讓與契約書」就本案繫屬之本金
暨利息（含已發生者）、違約金（含已發生者）、墊付費
用等債權、擔保物權及其他從屬之權利一併讓與債權受讓
人，並依金融機構合併法第十五條第一項第一款及第十八
條第三項之規定，於 95 年 12 月 27 日公告在民眾日報，此
有「債權讓與證明書」可證（證物一），是本案之債權業
已合法移轉，對債務人自公告之日起立即發生效力，合先
敘明。

二、被告○○○○於 94 年 7 月 6 日，書立「循環信用貸款契約」，
向債權人辦理循環動用之貸款，額度為五十萬元。前開契
約內約訂，債務人憑○○（現金）卡及密碼，在自動付款
機器或電話辦理領取現金或轉帳，以進行借貸、取款之行
為。其所支用款項，自支用日起息。其往來帳，概以債權
人之自動化機器所記載者為準（約定書第十條）。債務人
應於每月十五日前，至少給付約定之「最低應繳金額」（第
六條）。否則債權人得停止額度（第七條），全部借款並
視為到期（第十一條）。其借款利率為年息之 12%。雙方

亦約定，債務人逾期償還時，應按借款總餘額，自償還日起，其逾期在六個月以內者，依上開約定利率之一成，逾期六個月以上之部分，則依該利率之二成，計算違約金（第八條）。

三、嗣債務人陸續動支款項，然未依約於 94 年 12 月 06 日前向債權人繳付最低應繳金額。爰自 95 年 1 月 9 日起計算違約金，迄今債務人尚欠二十三萬零七百五十四元本金及自 95 年 12 月 6 日計算之利息、自 95 年 1 月 9 日計算之違約金未為清償，雖屢經催討，債務人均置之不理。

四、經查被告○○○○業已於 95 月 1 月 31 日死亡（證三），原告函詢苗栗地方法院有無拋棄或限定繼承情事，經該院以苗院燉民字第○○號函（證四）答覆「並未受理○○○○之繼承人聲請拋棄繼承或限定繼承情事」，依民法繼承篇相關規定其繼承人應繼承其一切權利義務，故將其配偶○○○及其他繼承人列為被告。但因其他繼承人不明請求 鈞院核發查其全戶函文，以便釐清被告之人數與姓名。

五、依循環信用貸款契約第十九條之約定，當事人同意以○○地方法院為第一審管轄法院，以上呈請
鈞院鑒核，賜准判決如訴之聲明，實為法便。

證　據

證一：債權讓與證明書暨○○銀行印鑑證明影本乙份。（正本庭呈）

證二：○○卡申請書（含聲明、○○卡約定書）影本乙份。（正
　　　本庭呈）
證三：○○○○除戶戶籍謄本正本乙份。
證四：苗栗地方法院苗院燉民字第○○號函影本乙份。

　　此　　致
臺灣○○地方法院　民事庭　　　　　公鑒

中　華　民　國　九　十　六　年　三　月　十　三　日

　　　　　　　具　狀　人：○○股份有限公司
　　　　　　　法定代理人：○○○

六、附錄

1. AMC 簡介

資產管理公司（Asset Management Co., AMC）的由來與簡介

一、資產管理公司簡介

　　AMC 係肇因於逾期放款過高導致亞洲金融風暴，導致以銀行、基金為主體的外商（純本土的僅臺灣金聯、開發 AMC 二家、另尚有 Joint-Venture 合資形式）進入國內收購不良授信資產（Non-Performing Loan，NPL）。

　　目前國內 AMC 中以臺灣金聯（TAMCO，係由國內 33 家銀行業者所共同組成）及 Lone Star（隆星昇 AMC，為德州某基金）截自去年年底已購入一千餘億的 NPL 最大。

　　國內出售 NPL 的首宗交易係於前年第一銀行，截至今年底止估計已出售約八千多億 NPL，目前市場成交價約為：有擔債權 30～40%，無擔債權約為 1～3%。

二、資產管理公司的法源介紹

　　AMC 公司法源在於金融機構合併法，與其相關條文最主要有三部分：

1. 金融機構出售其不良授信資產與 AMC 的會計上損失，可以分五年攤提。（實務上影響）

2. AMC 取得不良授信資產係在法院裁定核可該公司重整前，則不受該重整裁定限制，得繼續出售其擔保品。

3. 金融機構為聲請重整公司之最大債權人，法院如核可其重整聲請時，應選任 AMC 擔任其重整人。

4. 另該法為解決民法債權讓與需通知的規定，遂設計可以「登報」方式代替通知。（因一般交易慣例，一個 Profolio 資產組合約為一百億）

5. 附帶一提，我國並未比照韓國立法例，將涉及該 NPL 公司之全部債權強制出售予一家 AMC，即不同行庫可分別出售予不同 AMC。（請問其影響為何？）

金融機構合併法（民國 89 年 12 月 13 日公發布）

第 15 條

以收購金融機構不良債權為目的之資產管理公司，其處理金融機構之不良債權，得依下列方式辦理：

一 受讓金融機構不良債權時，適用第十八條第三項規定。

二 金融機構讓與其不良債權時，就該債權對債務人或保證人已取得之執行名義，其效力及於資產管理公司。

三 資產管理公司就已取得執行名義之債權，得就其債務人或第三人所提供第一順位抵押權之不動產，委託經主管機關認可之公正第三人公開拍賣，並不適用民法債編施行法第二十八條之規定。公開拍賣所得價款經清償應收帳款後，如有剩餘應返還債

務人。但有資產管理公司以外之其他第二順位以下抵押權人時，應提存法院。

四　資產管理公司已取得執行名義而有第一順位以下順位債權人之債權者，主管機關得請法院委託前款經主管機關認可之公正第三人，準用強制執行法之規定拍賣之。

五　法院受理對金融機構不良債權之債務人破產聲請或公司重整聲請時，應徵詢該資產管理公司之意見。如金融機構為該債務人之最大債權人者，法院並應選任該資產管理公司為破產管理人或重整人。

六　於金融機構之不良債權之債務人受破產宣告前或重整裁定前，已受讓之債權或已開始強制執行之債權，於該債務人破產宣告後或裁定重整後，得繼續行使債權並繼續強制執行，不受公司法及破產法規定之限制前項第三款之認可辦法及公正第三人公開拍賣程序，由主管機關定之。

　　資產管理公司或第一項第三款經主管機關認可之公正第三人，得受強制執行機關之委託及監督，依強制執行法辦理金融機構聲請之強制執行事件。

　　第一項資產管理公司處理金融機構之不良債權，適用銀行業之營業稅稅率。

　　金融機構出售予資產管理公司之不良債權，因出售所受之損失，得於五年內認列損失。

2. 委外處理要點

金融機構辦理應收債權催收作業委外處理要點修正案

財政部 90 年 11 月 14 日臺財融（五）字第 0900008663 號函准備查。
財政部 90 年 12 月 31 日臺財融（五）字第 0905000218 號函囑修正。
財政部 92 年 12 月 9 日臺財融（五）字第 0928011767 號函准備查。
行政院金融監督管理委員會 94 年 5 月 9 日金管銀（五）字第 0945000294 號
函准備查。
行政院金融監督管理委員會 94 年 7 月 5 日金管銀（五）字第 0940015218 號
函准備查。

一、**中華民國銀行商業公會全國聯合會（以下簡稱本公會）**，
為利各金融機構應收債權催收作業委外處理，以提高其授
信管理效率，並兼顧債務人權益之保障，特訂定本要點。

二、金融機構辦理應收債權催收作業委外處理，除應依照**行政
院金融監督管理委員會**頒訂「金融機構作業委託他人處理
應注意事項」規定外，並應符合本要點規定。

三、**受委託機構應具備下列資格條件：**

（一）受委託機構應為下列其中之一：

1. 取得主管機關核發載有「辦理金融機構金錢債權管理服務
業務」之公司設立登記表或公司變更登記表及地方主管機
關核發之營利事業登記證之公司。

2. 依法設立之律師事務所。

3. 依法設立之會計師事務所。

（二）**應聘僱具有實際催收經驗，並依行政院金融監督管理委員會 94 年 5 月 9 日金管銀（五）字第 0945000294 號函規定，完成本項第二段所稱專業訓練課程或測驗，而領有合格證書，且無下列情事之一之人員：**

1. 曾犯刑法、組織犯罪防制條例、檢肅流氓條例、槍砲彈藥刀械管制條例等相關暴力犯罪，經判刑確定或通緝有案尚未結案者。

2. 受破產之宣告尚未復權者。

3. 使用票據經拒絕往來或有其他債信不良紀錄尚未了結者。

4. 無行為能力或限制行為能力者。

5. 違反本要點而離職，並經金融機構報送財團法人金融聯合徵信中心登錄者。

　　聘僱人員未依行政院金融監督管理委員會 94 年 5 月 9 日金管銀（五）字第 0945000294 號函規定，參加本公會或其認可之機構舉辦有關催收專業訓練課程或測驗並領有合格證書者，應於任職後兩個月內補正。

（三）受委託機構之負責人應無「銀行負責人應具備資格條件準則」第三條第一項除第十三款外之各款所述情形，並出具相關之聲明書。

（四）受委託機構為承辦受託事務之需，須具有完備之電腦作業處理設備，並須安置專業錄音設備與電腦系統進行整合，以供稽核或遇爭議時查證之用，其錄音紀錄至少應保存半年以上。

四、金融機構與受委託機構間應訂定契約以利委外作業之進行，契約中至少應涵蓋下列事項：

（一）委託事項、範圍及程序。

（二）金融機構與受委託機構間之責任歸屬、受委託機構應注意義務、受委託機構及其員工之保密義務。

（三）金融機構對受委託機構進行檢查與稽核之執行標準。

（四）訂定受委託機構之工作準則，其內容至少包括：

　1.受委託機構之催收人員進行<u>外訪</u>催收時，應對債務人或第三人表明係接受某特定金融機構之委託身分，並出示授權書。

　2.受委託機構不得有<u>暴力、恐嚇</u>、脅迫、辱罵、騷擾、誤導、欺瞞債務人或第三人或造成債務人隱私受侵害之其他不當之收債行為。

　3.受委託機構不得以任何方式透過對第三人之干擾或催討進行催收。

　4.<u>受委託機構及員工不得向債務人或第三人收取債款或任何費用。</u>

　5.<u>受委託機構應明定解聘或懲罰不適任員工之標準。</u>

（五）受委託機構違反工作準則或其他規定之相關懲罰標準，<u>內容至少包括金融機構應終止與受委託機構契約之重大事由。</u>

（六）禁止複委任他人代為處理債權催收。

（七）受委託機構應定期或隨時向金融機構回報債權催收處理情形。

（八）<u>受委託機構於聘僱人員時，應取得該聘僱人員書面同意金融機構及財團法人金融聯合徵信中心得蒐集、處理及利用其個人資料。</u>

　　受委託機構應將違反本要點而離職之人員資料提供金融機構報送財團法人金融聯合徵信中心予以登錄，登錄資料應包括：

1. 基本資料。
2. 離職日期。
3. 離職原因。

（九）受委託機構如有違反本要點而終止契約時，同意由金融機構報送財團法人金融聯合徵信中心予以登錄，登錄資料應包括：

1. 受委託機構基本資料。
2. 簽訂契約及終止契約日期。
3. 違反本要點事由。

五、金融機構委任合格受委託機構時，應由總行單一部門選擇並簽訂委外契約。債務人積欠同一金融機構多項債務時，應委由同一受委託機構處理。

六、金融機構應隨時注意受催收債務人或第三人申訴情形，如有達依委外契約規定受委託機構應解聘不適任員工標準，及金融機構應終止與受委託機構契約之重大事由時，應立即要求依本處理要點及委外契約規定，盡速處理。

　　金融機構如發現受委託機構或其聘僱人員，於所委託之業務涉有暴力、脅迫、恐嚇討債等情事時，應盡速報請治安單位處理。

七、受委託機構因有不符合本要點之催收行為發生時，致債務人無法接受受委託機構對其債務之催收，而直接向金

融機構洽商債務之清償事宜時，金融機構應受理並積極
處理。

八、金融機構於提供債務人資料與受委託機構時，應注意下列
事項：

（一）金融機構對提供資訊與受委託機構需有嚴謹作業程序及
監督管理措施。

（二）金融機構應要求並監督受委託機構及其員工不得外洩客
戶資訊或作不當之使用。

（三）金融機構不得提供對債務履行無法律上義務者之資料與
受委託機構。

九、金融機構辦理應收債權催收作業委外處理，應於借款契約
簽訂或增訂時，訂定告知債務人之條款；其未訂有告知債
務人條款者，金融機構應書面通知債務人上開委外事項，
債務人如有意見應於七日內以書面通知金融機構，逾期未
為通知者，視為同意。

　　金融機構債務委外催收前應書面通知債務人，通知內
容包含受委託機構名稱、催收金額、催收錄音紀錄保存期
限，及第四點之（四）1.2.3.4 及金融機構申訴電話。

　　金融機構並應將其受委託機構基本資料公佈於金融機
構營業場所及網站，以利債務人核對催收機構之相關資料。

十、公營銀行辦理應收債權催收作業委外處理時，並應遵守「政
府採購法」中有關勞務採購之規範。

十一、金融機構遴選受委託機構、辦理催收作業委外及受委託
機構作業流程，除應符合行政院金融監督管理委員會頒

定「金融機構作業委託他人處理應注意事項」及本要點
規定外，並應符合本<u>公</u>會所訂「金融機構債權催收作業
委外最低標準化範例」。

十二、金融機構<u>每季</u>應按本<u>公</u>會所訂「債權催收受託機構之評
鑑標準及評比項目」規定，對受委託機構進行評量，並
於<u>每季終了後一個月內</u>，將通過評量而續予委託之催收
機構名單，併同評鑑結果報送本<u>公</u>會。

　　<u>金融機構如有新委任或終止與受委託機構契約時，</u>
<u>應立即將名單等資料報送本公會。</u>

十三、<u>金融機構違反本處理要點依本公會章程第十七條予以處</u>
<u>分（警告或停止會員應享權利，或處五十萬以下之違約</u>
<u>金）。</u>

十四、本要點未盡事宜悉依各金融機構內部有關規定辦理。

十五、本要點經理事會通過並報<u>行政院金融監督管理委員會</u>核
備後施行，修正時亦同。

3. 委外最低標準化範例

金融機構債權催收作業委外最低標準化範例部分內容修正案

（941027）

壹、金融機構遴選受委託機構

　　一、受委託機構之資格條件

　　二、受委託機構作業流程控管

　　三、受委託機構辦公處所硬體設備

　　四、受委託機構內部稽核控管

貳、金融機構債權催收委外作業流程

　　一、訂定委任契約

　　二、設立申訴窗口及作業流程

　　三、派案作業流程

　　四、退件作業流程

　　五、核帳作業流程

　　六、稽核作業流程

　　七、考評

參、受委託機構作業流程

　　一、催收人員教育訓練

　　二、催收作業流程

　　三、申訴案件處理作業流程

　　四、檔案管理作業流程

　　五、內部稽核作業

壹、金融機構遴選受委託機構

　　金融機構委外作業應慎選受委託機構，**並應由總行單一部門選擇並簽訂委外契約。債務人積欠同一金融機構多項債務時，應委由同一受委託機構處理。**且須確認委外事項係受委託機構合法得辦理之營業項目，以確保金融機構及客戶之權益。金融機構可依資格條件、作業流程控管、硬體設備及內部稽核控管四方面評估受委託機構是否符合委託條件。說明如下：

一、受委託機構之資格條件

（一）受委託機構應為下列其中之一：

　1. 取得經濟部核發公司設立登記表或公司變更登記表載有「辦理金融機構金錢債權管理服務業務」及地方主管機關核發之營利事業登記證之公司。

　2. 依法設立之律師事務所。

　3. 依法設立之會計師事務所。

（二）**受委託機構應聘僱具有實際催收經驗，並依行政院金融監督管理委員會 94 年 5 月 9 日金管銀（五）字第**

0945000294 號函規定，完成銀行公會或其認可之機構舉辦有關催收專業訓練課程或測驗，而領有合格證書，且無下列情事之一之人員：

1. 曾犯刑法、組織犯罪防制條例、檢肅流氓條例、槍砲彈藥刀械管制條例等相關暴力犯罪，經判刑確定或通緝有案尚未結案者。
2. 受破產之宣告尚未復權者。
3. 使用票據經拒絕往來或有其他債信不良紀錄尚未了結者。
4. 無行為能力或限制行為能力者。
5. 違反本要點而離職，並經金融機構報送財團法人金融聯合徵信中心登錄者。

（三）受委託機構之負責人應無「銀行負責人應具備資格條件準則」第三條第一項除第十三款外之各款所述情形，並出具相關之聲明書。

二、受委託機構作業流程控管

受委託機構應具備 1.催收人員教育訓練 2.催收作業流程 3.申訴案件處理作業流程 4.檔案管理作業流程 5.內部稽核作業等五項作業流程並確實執行，且其作業流程須對金融機構經營、管理及客戶權益無不利之影響。

三、受委託機構辦公處所硬體設備

受委託機構須具有完備之硬體設備，以承接金融機構委託之業務。

（一）硬體設備及環境：

庫房、機房之門禁及錄影設備：存放客戶資料文件檔案室及錄音機房應設有可記錄進出登記之門禁，確保

客戶資料安全。受委託機構應接受金融機構定期勘查其實地環境,以確認有營業事實。

(二)保密裝置:

　　受委託機構相關作業人員電腦需設密碼控管,使用之電腦應採非開放式區域網路之主機系統,且不可提供外露儲存裝置。

(三)電腦系統:

　　受委託機構為承辦受託事務之需,須具有完備之電腦作業處理設備,且應備有功能完善之催收系統輔助催收作業進行。

(四)錄音系統:

　　受委託機構相關作業人員之電話需裝設錄音系統,且電話錄音應製作備份,並至少保存六個月以上。錄音系統需與電腦系統配合可即時調閱錄音,以供稽核或遇爭議時查證之用。

四、受委託機構內部稽核控管

(一)內部稽核機制:受委託機構對內部作業流程應建立內部控管機制,定期與不定期進行內部稽核,稽核內容須存檔備查。

(二)保密措施:受委託機構對金融機構及客戶之資料須有嚴密保護措施,且其任用之相關作業人員須填寫保密承諾書,以確保接觸資料者不外洩金融機構及客戶之資料,且不得為其他不當利用。

(三)緊急應變計劃:受委託機構應成立危機應變處理小組,並訂定危機處理流程及辦法。

貳、金融機構債權催收委外作業流程

一、訂定委任契約

　　　金融機構與受委託機構須簽訂委任契約，契約至少應明訂下列事項：

（一）委託事項、範圍及程序。

（二）金融機構與受委託機構間之責任歸屬、受委託機構應注意義務、受委託機構及其員工之保密義務。

（三）金融機構對受委託機構進行檢查與稽核之執行標準。

（四）訂定受委託機構之工作準則：

　1. 受委託機構之催收人員進行**外訪**催收時，應對債務人或相關第三人表明係接受某特定金融機構之委託身分，並出示授權書。

　2. 受委託機構不得有**暴力**、**恐嚇**、**脅迫**、辱罵、騷擾、誤導、欺瞞債務人或相關第三人或造成債務人隱私受侵害之其他不當之收債行為。

　3. 受委託機構不得以任何方式透過對第三人之干擾或催討進行催收。

　4. **受委託機構及員工不得向債務人或第三人收取債款或任何費用。**

　5. **受委託機構應明定解聘或懲罰不適任員工之標準。**

（五）受委託機構違反工作準則或其他規定之相關懲罰標準，**內容至少包括金融機構應終止與受委託機構契約之重大事由。**

（六）禁止複委任他人代為處理債權催收。

（七）受委託機構應定期或隨時向金融機構回報債權催收處理情形。

（八）受委託機構於聘僱人員時，應取得該聘僱人員書面同意金融機構及財團法人金融聯合徵信中心得蒐集、處理及利用其個人資料。

　　　　受委託機構應將違反本要點而離職之人員資料提供金融機構報送財團法人金融聯合徵信中心予以登錄，登錄資料應包括：

　　1. 基本資料。

　　2. 離職日期。

　　3. 離職原因。

（九）受委託機構如有違反本要點而終止契約時，同意由金融機構報送財團法人金融聯合徵信中心予以登錄，登錄資料應包括：

　　1. 受委託機構基本資料。

　　2. 簽訂契約及終止契約日期。

　　3. 違反本要點事由。

二、設立申訴窗口及作業流程

（一）金融機構催收作業委外，應設置客戶申訴窗口及申訴專線電話，並指定專人負責。

（二）金融機構受理客戶申訴時，應親自處理，不得請客戶逕向受委託機構申訴。處理完畢，亦應將處理結果親自告知客戶，不得委由受委託機構告知。上開處理時間以不超過三個營業日為原則。

（三）客戶與催收人員對催收金額認定有爭議，而向金融機構
　　　詢問時，金融機構應明確告知客戶應償還之債權金額。

（四）客戶向金融機構確認委外催收受託機構名稱時，金融機
　　　構應明確告知客戶。

（五）**受委託機構因有不符合本要點之催收行為發生時，致客**
　　　戶無法接受受委託機構對其債務之催收，而直接向金融
　　　機構洽商債務之清償事宜時，金融機構應受理並積極
　　　處理。

（六）**金融機構應隨時注意受催收債務人或第三人申訴情形，**
　　　如有達依委外契約規定受委託機構應解聘不適任員工標
　　　準，及金融機構應終止與受委託機構契約之重大事由時，
　　　應立即要求依本處理要點及委外契約規定，儘速處理。

（七）**金融機構如發現受委託機構或其聘僱人員，於所委託之**
　　　業務涉有暴力、脅迫、恐嚇討債等情事時，應儘速報請
　　　治安單位處理。

三、派案作業流程

（一）**金融機構於提供客戶資料與受委託機構時，應注意下列**
　　　事項：

　1. **金融機構對提供資訊與受委託機構需有嚴謹作業程序及監**
　　　督管理措施。

　2. **金融機構應要求並監督受委託機構及其員工不得外洩客戶**
　　　資訊或作不當之使用。

　3. **金融機構不得提供對債務履行無法律上義務者之資料與受**
　　　委託機構。

（二）金融機構將當月委託案件明細電子檔案傳送至受委託機構，受委託機構派員（二名以上人員）至金融機構取件，並於規定期限內將案件資料歸還金融機構。若受委託機構不須使用委託案件之卷宗檔案，則受委託機構確認電子檔無誤後，須簽收委案明細寄還金融機構。

（三）受委託機構取件時，取件人員必須確實清點件數，清點無誤後簽收，並由金融機構及受委託機構各執一份取件明細存檔備查。

四、退件作業流程

（一）受委託機構於案件委託期限到期日，除催收紀錄及錄音檔案外，須將客戶相關資料文件及檔案退還金融機構，不得留存退件客戶任何相關資料文件。

（二）受委託機構將客戶相關資料及檔案退還金融機構後，金融機構應將必要留存資料存檔備查，並訂定適當保存期限。

五、核帳作業流程

金融機構至少每月應與受委託機構核對客戶入帳明細，以確認客戶入帳資料無誤，如發現有超收客戶金額之情形，金融機構應立即將超收金額歸還客戶。

六、稽核作業流程

（一）定期稽核：金融機構至少每半年定期對受委託機構進行稽核，稽核重點 1.催收作業流程控管 2.檔案管理 3.錄音系統 4.申訴案件處理流程 5.受委託機構內部稽核作業。

（二）不定期稽核：金融機構除定期稽核受委託機構外，尚須執行不定期專案稽核，以查核催理行為是否符合規範。

七、考評

金融機構至少每<u>季</u>應評估受委託機構是否符合委託條件,若經考評為不符合機構,則須汰換受委託機構。評估內容以下列五點為主:1.受委託機構之資格條件 2.受委託機構之作業流程控管 3.客戶申訴處理作業流程 4.受委託機構之辦公處所硬體設備 5.受委託機構之內部稽核控管。

參、受委託機構作業流程

金融機構須監督管理委外催收作業,受委託機構對於委託事項如有履行不能或履行困難之虞者,對委託機構負有立即通知之義務。

受委託機構應建立下列作業流程,金融機構將定期與不定期查核是否確實執行。

一、催收人員教育訓練

受委託機構須針對新進催收人員及在職催收人員舉辦催收相關作業教育訓練,以提昇催收人員專業素質,降低申訴案件發生率。訓練相關資料須存檔以供查核,檔案保存期限至少一年。

二、催收作業流程

受委託機構應建立催收作業流程,包含電催作業流程及外訪作業流程。催收人員應依據所訂定之催收流程催理案件且催理過程須全程錄音記錄,以避免受委託機構催收人員有不當催討行為。

（一）受委託機構催收人員行為規範

受委託機構作業人員須符合下列之規範：

1. 催收人員不得有**暴力、恐嚇、**脅迫、辱罵、騷擾、誤導、欺瞞債務人或相關第三人或造成債務人隱私權受侵害之催收行為，亦不得使用任何不**正當**、不法或與金融機構業務政策不符之催收手段。

2. 催收人員不得自稱銀行行員或法院人員，須表明是受金融機構委託處理逾期帳款催收業務之獨立受委託機構。

3. 催收人員除金融機構委託之債權金額外，不得額外向客戶催討其他費用。

4. 催收作業時間原則上於 07：00～22：00 一般人正常作息時間為之，若有特殊原因須於特定時間始能聯絡債務人者，不在此限。

5. 外訪人員需外觀端正，不得有奇裝異服及不良嗜好的情形發生。

6. 外訪人員須配帶員工識別證及金融機構授權書，並應將外訪過程中與客戶或其相關人之談話內容全程錄音。

7. 外訪過程嚴禁使用暴力、肢體碰觸、張貼大字報、噴漆塗鴉等方式進行催討帳款；未經客戶同意，不可擅自以任何形式進入屋內，且不可拿取客戶或相關人所有之任何物品。

8. **催收人員不得向債務人或第三人收取債款或任何費用。**

（二）受委託機構之保密機制

1. 受委託機構之受僱人員須簽訂員工服務規約暨保密承諾書。

2. 受委託機構之受僱人員處理所有委託機構及其客戶資料，均應遵守「電腦處理個人資料保護法」之規定。

3. 受委託機構對於金融機構及客戶資料須有嚴密保護措施，確保接觸資料者不外洩金融機構及客戶資料，且不得為其他不當利用。

4. 金融機構傳送至受委託機構之電子資料檔案，須存放於密碼／認證控管之電腦中，非經金融機構同意者，不得任意取得相關資料。

三、申訴案件處理作業流程

（一）受委託機構應設置申訴案件專責處理單位及專線電話，並指定專人負責處理客戶申訴案件。

（二）受委託機構接獲申訴案件時，應立即調閱催收記錄及錄音檔案，以確認催收人員是否有不當催理行為，並對申訴案件處理作業流程確實記錄存檔備查。

（三）受委託機構對申訴案件，應儘速處理。處理完畢後，除將處理結果告知客戶外，並同時以書面副知金融機構。上開處理時間以不超過三個營業日為原則。

（四）金融機構因處理客戶申訴案件，要求受委託機構提供催收記錄、錄音檔案等相關資料時，受委託機構應儘速提供。

四、檔案管理作業流程

受委託機構應妥善保管金融機構所委託催理案件之檔案，非經金融機構同意不得複製相關資料。檔案管理作業流程包含案件進件及退件作業流程。檔案管理須符合下列規則：

（一）受委託機構應建立委託案件進件處理流程。明訂有權責讀取案件資料之人員及保管相關資料之機制，以避免客

戶相關資料外洩,確保客戶權益。

（二）受委託機構至金融機構收取委託業務相關文件之人員須經由受委託機構主管授權之人員。

（三）受委託機構收取金融機構委託案件相關資料時應採密閉式封箱或封袋,以預防客戶相關資料外洩。

（四）非經金融機構同意,受委託機構之催收人員不得列印、下載或抄錄任何客戶相關資料。

（五）受委託機構領取案件資料與歸還案件資料時,取件人員必須確實清點件數,清點無誤後簽收,並由金融機構及受託機構各執一份取件明細存檔備查。

（六）所有檔案卷宗置於設有安控密碼之獨立檔案室內,卷宗之調閱須經權責人員審核過後並詳實紀錄調閱歸還情形。進出檔案室人員須經負責主管授權之人員始能進入,並設立進出登記控管表。

（七）受委託機構應建立退件作業流程。受委託機構應於案件委託期間屆滿時,將委託案件相關資料及檔案退還金融機構。

五、內部稽核作業

受委託機構應建立內部稽核制度。受委託機構除配合金融機構定期與不定期稽核外,亦應建立內部控管機制,定期與不定期進行內部稽核,以查核催收行為是否符合各項作業流程,並留存稽核記錄以供查核。

受委託機構之內部稽核項目包含以上所載之作業流程。

債權催收受託機構之評鑑標準及評比項目部分內容修正案
（940526）

主　　旨：建立公正客觀之評鑑標準及評比項目，以確保金融
機構催收作業委外最低標準化作業能有效執行，並
保障金融機構及客戶之權益，減少客戶申訴及提升
委外催收之服務品質。

說　　明：以下即針對金融機構如何從眾多良莠不齊之委外催
收機構評選出優良的合作對象，以及就目前已合作
的委外催收機構訂定出公正客觀之評比項目及評鑑
標準。

壹、新進委外催收機構之遴選標準

一、法令規章

（一）被遴選機構應取得主管機關核發載有「辦理金融機構金
錢債權管理服務業務」之公司設立登記表或公司變更登
記表及地方主管機關核發之營利事業登記證或被遴選機
構為律師事務所或會計師事務所。

（二）被遴選機構應**聘僱具有實際催收經驗，並依行政院金融
監督管理委員會 94 年 5 月 9 日金管銀(五)字第 0945000294
號函規定，完成銀行公會或其認可之機構舉辦有關催收**

　　專業訓練課程或測驗，而領有合格證書，且無下列情事
　　之一之人員：

1. 曾犯刑法、組織犯罪防制條例、檢肅流氓條例、槍砲彈藥
　刀械管制條例等相關暴力犯罪，經判刑確定或通緝有案尚
　未結案者。

2. 受破產之宣告尚未復權者。

3. 使用票據經拒絕往來或有其他債信不良紀錄尚未了結者。

4. 無行為能力或限制行為能力者。

5. 違反本要點而離職，並經金融機構報送財團法人金融聯合
　徵信中心登錄者。

（三）被遴選機構負責人應無「銀行負責人應具備條件資格準
　　　則」第三條第一項除第十三款外之各款所述情形，並出
　　　具相關之聲明書。

（四）被遴選機構須承諾不得違反法令強制或禁止規定、公共
　　　秩序及善良風俗，對經營、管理及客戶權益，不得有不
　　　利之影響，並應確保遵循銀行法、洗錢防制法、電腦處
　　　理個人資料保護法及其他法令之規定。

（五）被遴選機構須確認行政院金融監督管理委員會及中央銀
　　　行等得取得相關資料或報告，及進行金融檢查。

（六）被遴選機構對涉及客戶資訊者，須有嚴密保護措施，確
　　　保接觸資料者不外洩客戶資料，且不得為其他不當利用
　　　行為。

（七）就委外事項之範圍，被遴選機構須同意主管機關得依銀
　　　行法第 45 條規定辦理。

（八）被遴選機構須承諾對外不得以金融機構名義辦理受託處
理事項。

（九）被遴選機構須承諾無複委任他人處理債權催收之情事。

（十）被遴選機構須承諾本身其及員工不得向債務人或第三人
收取債款或任何費用。

（十一）被遴選機構須承諾於聘僱人員時，取得聘僱人員書面
同意金融機構及財團法人金融聯合徵信中心得蒐集、
處理及利用其個人資料。

（十二）被遴選機構須承諾將違反「金融機構辦理應收債權催
作業委外處理要點」而離職之聘僱人員資料提供金融
機構報送財團法人金融聯合徵信中心予以登錄。

（十三）被遴選機構須承諾如違反規定而解除契約時，同意由
金融機構報送財團法人金融聯合徵信中心予以登錄。

二、被遴選機構及其負責人、內部主要成員管理

被遴選機構及其負責人、經理人、法律顧問等，應無
任何信用不良之紀錄。

三、被遴選機構應依相關規定訂定標準化作業流程，並能確實執行。

四、被遴選機構現行運作情況

（一）以該機構目前配合之金融機構為評量參考。

（二）參考該機構目前處理之總案件量、金額及總回收款作為
評量參考。

五、被遴選機構軟硬體設施暨催收系統

（一）軟硬體設施：

1. 系統容量需足夠容納所委託處理之客戶資料。

2. 總分支機構資料之連動。

3. 配合度、速度、正確性：是否能在規定的時間內提供本行所需之正確資料。

4. PC 一人一臺，電話至少一人一線。

5. 被遴選機構為承辦受託事務之需，須具有完備之電腦作業處理設備，且應備有功能完善之催收系統輔助催收作業進行。

6. 被遴選機構相關作業人員之電話須裝設錄音系統，錄音系統須與電腦系統配合可即時調閱錄音，以供稽核或遇爭議時查證之用，需所有電話均予以錄音並製作備份且至少保存半年以上。

7. 被遴選機構相關作業人員電腦須設密碼控管，使用之電腦應採非開放式區域網路之主機系統，且不可提供外露儲存裝置。

8. 庫房、機房之門禁及錄影設備：存放客戶資料文件檔案室及錄音機房應設有可紀錄進出登記之門禁，確保客戶資料安全。

（二）催收系統：

1. 資料庫之建立具完整性及備份。

2. 作業流程自動化。

3. 對客戶所有資料安全有安全控管機制。

4. 可提供金融機構所需之相關報表。

六、被遴選機構專業程度及組織架構

（一）專業分工：內部建制單位依功能相互分工且互相制衡，建立完善的作業流程並避免弊端產生。

（二）教育訓練：新進員工基礎的教育培訓及在職員工之專業教育訓練。

（三）<u>員工解聘及懲罰：應明定解聘或懲罰不適任員工之標準。</u>

（四）申訴案件處理作業流程：應訂定客戶糾紛處理及預防程序，明訂糾紛處理時效及補救措施等規範；設置專責人員，處理客戶之申訴及可能申訴案件之處理，<u>並立即通知銀行相關權責單位。</u>

（五）檔案管理作業流程：對金融機構委託之案件涉及客戶資訊者，是否有嚴密保護措施，確保接觸資料者不外洩金融機構及客戶之資料，且不得為其他不當利用行為之安控機制。

（六）保密措施：被遴選機構任用之相關作業人員須填寫保密承諾書，以確保金融機構之機密及客戶權益。

（七）內部稽核機制：被遴選機構對於內部作業流程應建立內部控管機制，定期與不定期進行內部稽核，稽核內容須存檔備查。受託事項如有履行不能、履行困難或履行困難之虞者，對金融機構負有立即通知之義務。

（八）緊急應變計劃：被遴選機構須成立危機應變處理小組，並訂定危機處理流程及辦法，至少應包含下列事項：

1. 電腦系統：須確保系統穩定及系統重建作業規範及每日異地備份作業。

2. 電力供應：須有不斷電系統，以確保資料之完整性。

3. 其他可能導致被遴選機構因服務品質下降、臨時終止契約或停止營運等因素，影響金融機構之經營或金融機構客戶之權益之應變計劃。

貳、金融機構遴選委外催收機構之評比項目

評比項目	評鑑標準	是否符合
一、法令規範	1. 被遴選機構是否取得主管機關核發載有「辦理金融機構金錢債權管理服務業務」之公司設立登記表或公司變更登記表及地方主管機關核發之營利事業登記證或受託機構為律師事務所或會計師事務所。	
	2. 被遴選機構是否聘僱具有實際催收經驗,並依行政院金融監督管理委員會94年5月9日金管銀(五)字第0945000294號函規定,完成銀行公會或其認可之機構舉辦有關催收專業訓練課程或測驗,而領有合格證書,且無下列情事之一之人員: (1) 曾犯刑法、組織犯罪防制條例、檢肅流氓條例、槍砲彈藥刀械管制條例等相關暴力犯罪,經判刑確定或通緝有案尚未結案者。 (2) 受破產之宣告尚未復權者。 (3) 使用票據經拒絕往來或有其他債信不良紀錄尚未了結者。 (4) 無行為能力或限制行為能力者。 (5) 違反本要點而離職,並經金融機構報送財團法人金融聯合徵信中心登錄者。	
	3. 被遴選機構負責人應無「銀行負責人應具備條件資格準則」第三條第一項除第十三款外之各款所述情形,是否出具相關之聲明書。	
	4. 被遴選機構是否承諾不得違反法令強制或禁止規定、公共秩序及善良風俗,對經營、管理及客戶權益,不得有不利之影響,並應確保遵循銀行法、洗錢防制法、電腦處理個人資料保護法及其他法令之規定。	

	5. 被遴選機構是否承諾依財政部、中央銀行及中央存款保險股份有限公司等要求，提供相關資料或報告，並接受金融檢查。	
	6. 被遴選機構是否承諾就委外事項之範圍，同意主管機關得依銀行法第四十五條規定辦理。	
	7. 被遴選機構是否承諾對外不得以金融機構名義辦理受託處理事項。	
	8. 被遴選機構是否承諾無複委任他人處理債權催收之情事	
	9. 被遴選機構及其負責人、經理人、法律顧問等，是否無任何信用不良之紀錄。	
	10. 被遴選機構須承諾本身其及員工不得向債務人或第三人收取債款或任何費用。	
	11. 被遴選機構是否承諾於聘僱人員時，取得聘僱人員書面同意金融機構及財團法人金融聯合徵信中心得蒐集、處理及利用其個人資料。	
	12. 被遴選機構是否承諾將違反規定而離職之人員資料提供金融機構報送財團法人金融聯合徵信中心予以登錄。	
	13. 被遴選機構是否承諾如違反規定而解除契約時，同意由金融機構報送財團法人金融聯合徵信中心予以登錄。	
二、認證	被遴選機構是否依相關規定訂定標準化作業流程，並確實執行。	
三、軟硬體設施	1. 系統容量是否足夠容納所委託處理之客戶資料。	
	2. 總分支機構資料是否連動。	
	3. 是否能即時、正確提供本行所需之正確資料。	
	4. 是否一人一臺PC.電話至少一人一線。	
	5. 是否具完備之電腦作業處理設備。	

	6. 是否安置專業錄音設備與電腦系統進行整合，以供稽核或遇爭議時查證之用，且是否對所有電話均予以錄音及製作備份,並至少保存半年。	
	7. 相關作業人員電腦是否設密碼控管,使用之電腦是否採非開放式區域網路之主機系統,且是否無外露儲存裝置。	
	8. 庫房、機房是否有門禁及錄影設備。	
四、催收系統	1. 是否備有功能完善之催收系統,輔助催收作業之進行。	
	2. 資料庫的建立是否具完整性及製作備份。	
	3. 作業流程是否自動化。	
	4. 對客戶所有資料安全是否有安全控管機制。	
	5. 是否提供相關管理報表。	
	6. 催收記錄是否不得篡改。	
五、組織架構	1. 是否有專業分工如〔成立電催組、外訪組、調戶謄組、法務組、帳務組、IT人員、內部控制單位與稽核單位等,建立完善的作業流程〕。	
	2. 是否有教育訓練人員及制度,對新進員工施予基礎教育培訓及對在職員工施予專業教育訓練。	
	3. 是否有客訴服務單位,訂定客戶糾紛處理及預防程序,明訂糾紛處理時效及補救措施等規範;是否有設置專責人員,處理客戶之申訴及可能申訴案件之處理,並立即通知金融機構相關權責單位。	
	4. 是否明定解聘或懲罰不適任員工之標準。	
	5. 是否有內部控制機制,定期與不定期進行內部考核,受委任事項如有履行不能、履行困難或履行困難之虞者,是否立即通知金融機構。	

	6. 是否有緊急應變計劃,是否成立危機應變處理小組,是否制定危機處理流程及辦法,至少包括電腦系統、電力供應等應變計畫,以確保受委任事項之正常運作。	
	7. 是否訂定標準化作業流程,並符合相關規定。	
六、召募作業	召募作業辦法是否符合本行要求。	
七、外訪作業	1. 是否有獨立之組織與完整規範。	
	2. 是否有完整之訓練。	
	3. 是否全部 2 人 1 組。	
	4. 外訪時服裝是否端正。	
	5. 外訪時是否全程錄音。	
	6. 是否有查核制度。	
八、電催作業	1. 是否有完整之訓練與規範 。	
	2. 是否有查核制度 。	
	3. 是否全程錄音。	
九、錄音作業	1. 外訪與電催錄音是否保存半年。	
	2. 錄音是否備份儲存。	
	3. 被遴選機構是否執行抽聽機制。	
十、信函作業	1. 所有信函使用與寄發是否有控管機制。	
	2. 被遴選機構是否有查核機制。	
十一、客訴作業	1. 是否成立客訴服務單位。	
	2. 是否明訂糾紛處理時效及補救措施等規範。	
	3. 是否設置專責人員,處理客戶之申訴及可能申訴案件。	
	4. 是否有客訴處理報告,並應於稽核報告中揭露。	
十二、稽核作業	1. 是否有稽核單位及相關規範。	
	2. 是否定期與不定期落實執行。	
	3. 是否有稽核報告。	

	4. 是否有稽核缺失改善與追蹤。	
十三、安控作業	1. 員工及相關人員是否均簽署保密承諾書。	
	2. 是否有門禁維護管理機制。	
	3. 電腦系統使用是否有資料安全管理機制。	
	4. 文件處理是否有管理機制及獨立保存空間並上鎖。	
	5. 是否有符合本行要求之資料列印管理辦法及執行情形。	
	6. 與客戶個人資料是否有銷毀機制。	
	7. 是否有安控執行及報告。	

參、金融機構對受委託機構辦理評比之項目（每季一次）

評比項目	評鑑標準	是否符合
一、法令規範	1. 受委託機構是否無複委任他人處理債權催收之情事。	
	2. 受委託機構機構負責人、經理人、法律顧問等，是否無任何信用不良之紀錄。	
	3. 受委託機構機構之聘僱人員是否依行政院金融監督管理委員會94年5月9日金管銀（五）字第0945000294號函規定，完成銀行公會或其認可之機構舉辦有關催收專業訓練課程或測驗，而領有合格證書。	
	4. 受委託機構機構之聘僱人員是否無曾犯刑法、組織犯罪防制條例、檢肅流氓條例、槍砲彈藥刀械管制條例等相關暴力犯罪，經判刑確定或通緝有案尚未結案者。	
	5. 受委託機構機構之聘僱人員是否無受破產之宣告尚未復權者。	
	6. 受委託機構機構之聘僱人員是否無使用票據經拒絕往來或有其他債信不良紀錄尚未了結者。	
	7. 無行為能力或限制行為能力者。	
	8. 受委託機構機構之聘僱人員是否無違反本要點而離職，並經金融機構報送財團法人金融聯合徵信中心登錄之紀錄者。	
	9. 受委託機構是否於聘僱人員時，取得該聘僱人員書面同意金融機構及財團法人金融聯合徵信中心得蒐集、處理及利用其個人資料。	

	10. 受委託機構是否將違反規定而離職之人員資料提供金融機構報送財團法人金融聯合徵信中心予以登錄。	
二、軟硬體設施	1. 系統容量是否足夠容納所委託處理之客戶資料。	
	2. 總分支機構資料是否正常連動。	
	3. 是否能即時、正確提供本行所需之正確資料。	
	4. 是否一人一臺 PC.電話至少一人一線。	
	5. 受委託機構相關作業人員電腦是否設密碼控管,使用之電腦是否採非開放式區域網路之主機系統,且是否無外露儲存裝置。	
	6. 庫房、機房是否有門禁及錄影設備,是否依規定執行。	
三、催收系統	1. 資料庫的建立是否具完整性及製作備份。	
	2. 對客戶所有資料安全是否有安全控管機制。	
	3. 本行所需之相關管理報表是否即時、正確。	
	4. 委任之新案,是否於一個工作日內完成灌檔與分派案件。	
四、組織架構	1. 受委託機構是否對新進員工施予基礎教育培訓及對在職員工施予專業教育訓練。	
	2. 客訴案件是否立即通知本行相關權責單位,是否符合處理時效及規範。	
	3. 受委託機構是否明定解聘或懲罰不適任員工之標準。	
	4. 受委託機構是否定期與不定期進行內部考核。	
五、召募作業	1. 受委託機構之召募作業辦法是否符合本行要求。	
	2. 受委託機構是否依本行核定之召募作業辦法執行召募工作。	
六、電催作業	1. 是否全程錄音。	

	2. 電催時間是否合乎本行規定。	
	3. 是否有業務需要延長電催時間,並完成報備。	
	4. 話術是否無不當與不合乎本行要求之情形。	
	5. 是否無向客戶收款之情事。	
七、外訪作業	1. 是否全部 2 人 1 組。	
	2. 外訪時服裝是否端正。	
	3. 外訪時是否全程錄音。	
	4. 外訪時間是否合乎本行規定。	
	5. 話術是否有不當與不合乎本行要求。	
	6. 是否無向客戶收款之情事。	
八、錄音作業	1. 外訪與電催錄音是否保存半年。	
	2. 受委託機構是否執行抽聽機制。	
九、信函作業	1. 所有信函內容與格式是否經本行書面同意。	
	2. 所有信函內寄送對象與時機,是否合乎本行規定。	
十、保人作業	對保證人催收時是否取得本行書面同意。	
十一、客訴作業	1. 是否依本行要求執行。	
	2. 客訴案件是否符合糾紛處理時效及補救措施等規範。	
	3. 處理客戶之申訴及可能申訴案件之專責人員是否具專業能力。	
	4. 接獲客戶申訴案件是否立即通知本行相關權責單位。	
	5. 客戶申訴案件是否於稽核報告中揭露。	
十二、稽核作業	1. 是否定期與不定期落實執行。	
	2. 是否有稽核報告。	
	3. 是否有稽核缺失改善與追蹤。	
十三、安控作業	1. 受委託機構對涉及客戶資訊者,是否有查核紀錄。	

	2. 所有接觸本行案件員工是否均簽署保密承諾書。	
	3. 門禁維護是否良好。	
	4. 電腦系統使用是否設定使用者密碼,非授權使用者不能進入系統。	
	5. 電腦是否均設定螢幕保護程式。	
	6. 作業人員軟碟是否全部撤除。	
	7. 非必要人員是否保有 INTERNET。	
	8. 與本行往來 E-MAIL 是否加密。	
	9. 文件處理人員是否於獨立空間作業。	
	10. 本行文件是否有獨立保存空間並上鎖。	
	11. 非本行作業人員是否能接觸本行文件。	
	12. 電腦房門禁作業是否維護良好。	
	13. 是否有資料列印管理辦法及執行情形並經本行同意。	
	14. 催收紀錄是否無法刪除及竄改。	
	15. 處理委託案件資料之人員與系統是否無外洩之可能。	
	16. 本行結束委任案件文件是否已銷毀。	
	17. 本行結束委任案件之客戶基本資料電腦檔是否已刪除。	
	18. 是否有安控執行報告。	

肆、催收機構評鑑作業方式

（一）金融機構應每<u>季</u>按評比項目及評鑑標準，對受委託機構
　　　進行評量。

（二）金融機構對受委託機構辦理評量後，應於<u>每季終了後 1
　　　個月內</u>，將通過評量而續予委託之催收機構名單，併同
　　　評鑑結果報送銀行公會，由銀行公會彙總後將名單公佈
　　　於網站上，供會員機構參考。

（三）<u>金融機構如有新委任或終止與受委託機構契約時，應立
　　　即將名單等資料報送銀行公會。</u>

4. 處理不良授信資產例舉

處理不良授信資產（動產）舉例

　　不良授信資產甚難處理，尤以動產更難處理，因除土地、建物外均為動產，故其品種繁多、市場價格紊亂，加以破壞、更換容易，此即為行庫授信多不注重動產緣故；但此亦為我方優勢處，因取得動產多係以無償取得，即令以較低價格處分亦不至發生虧損情事；再者南部市場上土地廠房皆供過於求，工廠生產只要有訂單、人工可維持時，唯獨不可缺機械設備，因此在南部市場動產處理往往熱手過於不動產處理。

　　優秀的不良授信資產處理團隊應包括下面的人才，1.會計、財務人才：因為要評估 Csahflow 等問題，甚至不需評估對購買對象授信等問題；2.談判、法務人才：因為要處理契約涉訟等問題；3.機械人才：因為要處理機械維修、保養、估價等問題；4.公關人才：不良授信資產背景多不單純故處理困難，若無良好人際關係必難圓滿達成任務，因此需要能與多方面溝通管道人才。而且前開人才最好曾有或目前即從事前開各位置，以便能立刻著手。

　　動產處理最重時效性，以電腦機械為例景氣反轉時有時僅距三個月價差即達一半，如能迅速處分動產，除可加強我方

Csahflow 外,並可節省我方倉儲、管理等費用,及降低標的物
滅失(如失竊、火災等)風險,相去不可以道里計。

一、直接出售方式:

1. 透過公證拍賣方式

我國因公證法修正已有民間公證人出現,與法院公證
人相較民間公證人配合程度相當高,可集合多起不良授信
資產以公證拍賣方式出售,可以收到糾集 Buyer 迅速處分
資產效果。

2. 以設立網站公布方式出售

處理不良授信資產要訣即為迅速售出,如何快速吸引
合適且合格 Buyer 應為我方致力目標,欲達此目標除仰賴
平日累積人脈外,四通八達網路亦為優良考量,可將標的
物以數位相機拍攝將其照片公布於網站上求售。

3. 整廠輸出方式出售

不良授信資產有時因環保、人工等因素在我國已無生
產效益,故其產業已大量西移、南移至其他區域,故其機
械動產部分在國內甚難出售,但可以整廠輸出方式至其他
區域或國家,因該處尚有大量該二手機械需求。

4. 結合其他業者整廠處理

本方式為我方僅取得整廠機械之部分(如 1/3)權利,
其他權利為另二家業者取得,若分散或個別處理獲益甚
低,如能合併處理將收倍數或相乘利益。

二、安排融物、融資途徑

　　　　因有意承購人並無十足資力可一次付清全部款項，本法除可迅速將持有動產出售外，另可賺取手續費方式將部分風險轉嫁予銀行或租賃公司，亦或我方亦可扮演類似資金供給者角色賺取其中價差或分期利益。

1. 直接以分期付款方式承作

　　　　本法即為直接扮演資金供給者角色，對動產承接者予以融物（即租賃、動產抵押、附條件買賣等）方式承作，即約定出售（租）價金後以分期付款方式承作，本法優點為可迅速出售，缺點為需自行負擔承購方日後無力支付風險。如約定以十期分期付款，我方可將原 1M 物件出售至 1.2M，惟對方亦可能繳納 1-2 期後跳票。

2. 可安排租賃公司融物

　　　　本法與前法不同為我方扮演媒介者角色，介紹欲承購者予租賃公司，亦將承購者日後無力支付之風險轉嫁；我方除可迅速出售動產外，並可賺取介紹手續費（約 1～2%）。

三、其他換價方式

1. 以資產作股方式

　　　　如該資產承接者有意承接但苦無資力，經我方評估該公司產業前景甚佳，可嘗試以資產作股方式直接介入該公司經營，本法如施行得當，可收十倍或百倍利益。

2. 輔導該公司財務、會計經營

　　　　因南部企業主多係技術出身，甚多財務、會計經營不良，如經我方評估可以輔導該公司財務、會計經營方式，另尚可收取顧問諮詢費用。

3. 買入該公司應收帳、票款

　　　　如該資產承接者苦無資力，可以資產作價方式換取其應收帳票款，由我方法務人員代為進行追索，應有些應收帳、票款上有不少殘值可供追索，可充分發揮我方追索長才，但該部分業務暫不應擴展過速。

四、動產處分方式舉例

1. A 公司為南部大鋼鐵廠，違約後該公司預計可引進新資金，且除我方外其餘行庫均與其達成還款協議，我方債權約 20M 佔其總債權額 600M 極少數，雖然我方機械設備非屬主要生產設備，但強制取回前開設備仍可癱瘓該公司運作，我方評估該公司不致與我方破裂協商而影響大局，第一次執行時尚出動 40 餘員工抗爭，後我方排除萬難強制取回時與該公司達成協議，以加付 10%利息展期清償（其他行庫均為 6%）。

2. B 公司為南部某大鋼鐵廠違約後銀行即派駐保全人員看管，負責人均避不見面，我方標的物為三套設備（二套附條件、一套動抵），覓妥買主後會同法院突破重重關卡及債務人阻撓，前後分二期執行每次拆簽約 7 天，終將標的物拆出後以 4M 售畢；動抵物出售時為避免債務人糾葛，尚配合民間公證人舉行拍賣方式出售。

3. C 公司為違約戶共同發票人，為南部生化大廠專事培育蘭花，亦為該案中較有資力者，遂鎖定該公司進行追索，執行前先行詢問同業該公司重要資產，後查得該公司有一獨步全臺價值高達數千萬之催花房，執行時針對該處作查封時該公司即邀集大股東出面解決。

4. D 公司為臺灣首席加工業者，違約後我方強制取回二臺 5K ／6K 噸鍛造機，因有意購買方並無資力一次清償，我方遂針對買主作分期付款買賣，目前均正常繳納中。

五、結論

　　動產處分方式應依我方與動產特性 Case-by-Case 研議各種不同解決方式，依各案件 SWOT 不同按一種或混合多種方式解決，但動產種類上到飛機、下到船舶，可謂包山包海無所不包，錦鯉、蘭花、滿天星處理方式各有不同，很難說何種方式一定較好，但結論是只要是「快速處理」的就是好方式。

5. 申請戶籍謄本規定事項簡明表

申請戶籍謄本規定事項簡明表		
適格申請人	應繳驗證件	備註
本人（利害關係人）親自申請	1. 身分證明文件正本 2. 利害關係證明文件正本	
個人委託申請	1. 委託書 2. 委託人身分證明文件影本 3. 利害關係證明文件正本	1. 委託人身分證明文件影本應具結「與正本相符，如有不實願負法律責任」字樣 2. 並由委託人簽名或蓋章 3. 受託人應繳驗身分證明文件正本
依法設立之金融機構等法人委託申請	1. 委託書 2. 公司執照或營利事業登記證影本 3. 利害關係證明文件正本	1. 委託書應載明委託機構名稱及負責人姓名，並加蓋二者印章 2. 利害關係證明文件正本，有特殊原因致核驗正本有困難者，得繳驗影本 3. 影本資料皆應具結「與正本相符，如有不實願負法律責任」字樣，並蓋有該機構及負責人二者印章
	身分證明文件之範圍： 1. 國民身分證 2. 外僑居留證 3. 臺灣地區居留證 4. 定居證 5. 中華民國護照	1. 全面換證後，已領有新證者，戶役政資訊系統已建有當事人之相片影像檔，如提憑駕駛執照、全民健康保險卡，得查對其國民身分證相片影像資料相符後，據以參採 2. 所附證件及其內容如有疑義，戶政事務所應本於職權查證

＊本表係依據內政部95年5月30日臺內戶字第0950081779號函
（製表日期：2006／6／5）

國家圖書館出版品預行編目

催收達人の私房書 II——資產管理公司之設立與運作
/ 呂元璋著. --一版. --臺北市：秀威資訊科技，2009.06
面；　公分. --(商業企管類；PI0014)

BOD 版
ISBN 978-986-221-238-7(平裝)

1.信用管理　2.資產管理

563.1　　　　　　　　　　　　　　　98009035

商業企管類　PI0014

催收達人の私房書 II
——資產管理公司之設立與運作

作　　者 / 呂元璋
發 行 人 / 宋政坤
執行編輯 / 詹靚秋
圖文排版 / 郭雅雯
封面設計 / 陳佩蓉
數位轉譯 / 徐真玉　沈裕閔
圖書銷售 / 林怡君
法律顧問 / 毛國樑　律師
出版發行 / 秀威資訊科技股份有限公司
　　　　　　臺北市內湖區瑞光路 583 巷 25 號 1 樓
　　　　　　電話：02-2657-9211　　　　傳真：02-2657-9106
　　　　　　E-mail：service@showwe.com.tw

2009 年 6 月 BOD 一版
定價：200 元

讀 者 回 函 卡

感謝您購買本書，為提升服務品質，請填妥以下資料，將讀者回函卡直接寄
回或傳真本公司，收到您的寶貴意見後，我們會收藏記錄及檢討，謝謝！
如您需要了解本公司最新出版書目、購書優惠或企劃活動，歡迎您上網查詢
或下載相關資料：http:// www.showwe.com.tw

您購買的書名：_____

出生日期：_____年_____月_____日

學歷：□高中 (含) 以下　　□大專　　□研究所 (含) 以上

職業：□製造業　□金融業　□資訊業　□軍警　□傳播業　□自由業
　　　□服務業　□公務員　□教職　　□學生　□家管　　□其它____

購書地點：□網路書店　□實體書店　□書展　□郵購　□贈閱　□其他

您從何得知本書的消息？

　□網路書店　□實體書店　□網路搜尋　□電子報　□書訊　□雜誌
　□傳播媒體　□親友推薦　□網站推薦　□部落格　□其他_____

您對本書的評價：（請填代號　1.非常滿意　2.滿意　3.尚可　4.再改進）

　封面設計____　版面編排____　內容____　文／譯筆____　價格____

讀完書後您覺得：

　□很有收穫　□有收穫　□收穫不多　□沒收穫

對我們的建議：_____

_____

_____

_____

11466
台北市內湖區瑞光路 76 巷 65 號 1 樓

秀威資訊科技股份有限公司　　　　收

BOD 數位出版事業部

....

（請沿線對折寄回，謝謝！）

姓　　名：＿＿＿＿＿＿＿＿＿　　年齡：＿＿＿＿　　性別：□女　□男

郵遞區號：□□□□□

地　　址：＿＿＿＿＿＿＿＿＿＿＿＿＿＿＿＿＿＿＿＿＿＿

聯絡電話：(日) ＿＿＿＿＿＿＿＿＿　(夜) ＿＿＿＿＿＿＿＿＿

E-mail：＿＿＿＿＿＿＿＿＿＿＿＿＿＿＿＿＿＿＿＿＿＿＿